ちくま学芸文庫

インド文化入門

辛島 昇

筑摩書房

はじめに

南アジアは、われわれの多くにとって未知の世界である。その独自性は、われわれの住む東アジア、あるいは東南アジアと比べてみて、はじめて明らかになる。逆にいえば、南アジアを知ることによってわれわれは、東アジアの独自性を理解するようになるのである。

いずれにせよ、過去に偉大な文明を築き上げた南アジア（インド）は、一八世紀末に植民地化されて以来、およそ二〇〇年にわたってその輝きを失っていった。もちろんその間も、マハトマ・ガンディーをはじめとする数多くの素晴らしい人材を世界に送り出してはきたものの、人々はイギリスの支配の下で、苦難の道を歩まなければならなかった。その苦難は独立してからも様々な形で続いている。しかし、かつて栄光の時をもった南アジアは、二一世紀にふたたび必ずや世界に向けて、新しい文化を発信していくに違いない。

多くの民族が来住し、異なった文化がぶつかり合いながら、その中から「インド」文化という一つの文化を作り上げた南アジアは、いかにすれば異なった民族がこの一つの地球で共存していけるかを、われわれに教えてくれるものと期待される。そこにこそ、われわれが南アジアの文化を学ぶことの意味がある。もちろん、現実の南アジアにはインドとパキスタンの対立があり、スリランカではシンハラ・タミルの民族紛争が続いている。しかし、そのことを含めて、われわれは南アジアの歴史と文化から多くのことを学べるはずである。そして、われわれの直面する問題を、南アジアの人々とともに考えていくことが必要なのである。

一九九五年、私は放送大学のために「南アジアの歴史と文化」という番組を製作した。インド亜大陸への諸民族の来住から現代政治に至るまでの歴史を、文化に重点をおきながら概説したもので、一九九六年から四年間にわたって放映された。その印刷教材としてのテキストも出版され、そちらは現在でも市販されている。

今回の番組「南アジアの文化を学ぶ」は、そこに出てきたたくさんのトピックの中から、いくつかのトピック、とくに南アジアの社会と文化を理解する上で重要と思われるものをとり上げて、その意味と重要性を解説するものである。番組の特徴は、とり上げた「もの」や「事象」を通して、南アジア文化を学ぼうというところにある。

つまり、物語、遺跡、陶磁器、刻文、カレーライス、絵画、映画、新聞といった、われわれの身近なところにあって興味を引くものを「手がかり」としてとり上げ、それによってインド文化を理解する試みである。それを通して、「こういうことから歴史や文化が判ってくるのか」という感想をもつと同時に、「南アジアにはそういう問題があるのか」、あるいは、「多様のなかの統一とはそういったことなのか」ということを理解していただければ幸せである。

このテキスト〔この文庫の元となった『南アジアの文化を学ぶ』のこと〕は、一冊の本として読んで下されば、それだけで私のいわんとするところを理解していただけるように作られている。映像番組はテキストと全く同じではないのであるが、そちらはそちらで完結的に作られている。しかし、テキストを読んだ上で映像を見ていただければ、あるいは、映像を見てからテキストを読んでいただければ、両者があい補うように作られているので、それだけ理解が深まるものと思う。

とり上げたトピックが多岐にわたり、それぞれに異なっているので、テキストと映像作成に際しては、トピックを扱う中で研究をとり上げさせていただいた方々をはじめ、実に多くの方にご助力をいただいた。一々お名前を挙げるのは省かせていただくが、深く感謝申し上げる。なお、写真の選定、索引の作成に当たっては、志賀美和子さんのお世話になったことを記しておきたい。

この本が、わが国における南アジア文化についての理解を、すこしでも深める役に立つならば、これに過ぎる幸せはない。

二〇〇〇年二月二五日　鎌倉浄明寺の寓居にて　辛島 昇

目次

本書は放送大学教育振興会より二〇〇〇年三月に刊行された『南アジアの文化を学ぶ』を改題し、文庫化したものである。

インド文化入門

1 「ラーマーヤナ」をめぐって——多様な物語の発展と歴史的意味

アヨーディヤ事件

一九九二年一二月六日、北インドで一つの大きな事件が起こった。アヨーディヤ事件である。それをきっかけに、カルカッタ、ボンベイ（ムンバイ）など、インド各地でヒンドゥー教徒とムスリム（イスラーム教徒）の衝突が起こり暴動が続いたので、日本でも大きく報道され、記憶されている方も多かろう。北インド中部ウッタル・プラデーシュ州の古都アヨーディヤには、バーブル・モスクと呼ばれるイスラーム教の礼拝堂（モスク）があったのだが、それが大勢のヒンドゥー教至上主義者達の手によって破壊されたのである。

その理由は、破壊者達に言わせれば、つぎのようである。インドの二大叙事詩の一つとして名高い「ラーマーヤナ」によれば、アヨーディヤは、物語の主人公でヴィシュヌ神の化身として崇拝されるラーマ王子の生まれ住んだ場所であり、そこに古くから王子の生誕を記念する「ラーマ王子生誕寺院」があった。ところが、今から五〇〇年近くも前のことだが、一五二六年、デリーにムガル朝の権力を打ち立てたムスリムの王バーブルは、アヨ

図1　寺院・モスク。ヒンドゥー教の聖地ワーラーナシーでも、ヒンドゥー寺院がモスクに変えられてしまったが、長い間そのままであった。現在では閉鎖されている。

ーディヤのラーマ王子生誕寺院を破壊して、そこにイスラーム教のモスクを建てた。だから、今、自分達はバーブルのモスクを破壊して、そこに再びラーマ寺院を建てるのだと言う。

このような言動は、ずっと以前から見られはしたのだが、それが顕在化したのは、一九八〇年代になって、ヒンドゥー教至上主義を標榜する政党ＢＪＰ（インド人民党）が力を伸ばしてきてからである。ＢＪＰは、マハートマ・ガンディーの暗殺とも関連のある急進的ヒンドゥー教至上主義団体ＲＳＳとも関係をもっていて、一九八〇年代からのイスラーム原理主義の台頭を危惧し、インド共和国内でのムスリムを攻撃する機会を狙っていたのである。彼らは一九九〇年にラーマ寺院再建のための一大キャンペーンを行ない、そのときはモスクの破壊には至らなかったが、阻止しようとした内閣が崩壊した。一九九二年の破壊のときには、世論の非難はさすがにＢＪＰに向けられ、内閣の崩壊には至らなかったものの、カルカッタ、ボンベイなどでムスリム・ヒンドゥー対立の暴動が続いたのである。このボンベイの暴動については、映画について記す第12章を参照していただきたい。

先にも述べたように、「ラーマーヤナ」は、古代インドで成立した大叙事詩であって、物語の核に何らかの史実が存在していたとしても、物語そのものを史実と見ることはできない。ところが、これは現実の話なのであるが、一九九四年、デリーで開かれた第三回世界考古学者会議で、ラーマ寺院の存在とバーブルによる破壊、ひいては、「ラーマーヤナ」そのものの史実性をめぐって、それを検討課題にしようとする研究者と拒否する研究者との間に、取っ組み合いの争いが起こったのだと言う。『日本書紀』の記述を全て史実とする「紀元は二六〇〇年」という言葉は、戦前を知る日本人には忘れることのできない言葉であるが、何かそれに似たおかしな状況が、現代のインドに起こっているようにも思われる。

図２　『衝突の解剖』表紙。

一九九〇年の最初のアヨーディヤ・キャンペーンの後に出版された本に、近代史研究者、S・ゴーパール教授の編纂による『衝突の解剖』というものがあり、その中に、古代史研究者であるローミラ・ターパル教授が執筆した

「ラーマ物語の歴史的展望」という論文が含まれている。広い視野と鋭い洞察を伴う優れた論文であり、以下、それに準拠して、『ラーマーヤナ』とインド文化の問題を考えていくことにしよう。

ヴァールミーキの『ラーマーヤナ』

「ラーマーヤナ」は、先にも記したように、「マハーバーラタ」と並ぶインドの大叙事詩で、インド亜大陸のみならず、東南アジアにも伝播して影絵や舞踊のテーマとなり、その地の人々に親しまれていることは周知のとおりである。中国、日本にも、仏教を通して伝えられたが、よりポピュラーな形では、桃太郎伝説の元になったのだとも、あるいはまた、ハヌマーンが『西遊記』の孫悟空になったのだとも言われている。そのように、この物語はインド亜大陸の外でも人気が高いのであるが、インドの人々にとってはどのような意味をもつのであろうか。まず、普通に「ラーマーヤナ」のテキストはといえば、詩人ヴァールミーキ作とされるサンスクリット語の『ラーマーヤナ』を指すのであるが、その梗概はつぎのようである。

物語の主人公ラーマは、アヨーディヤを首都とするガンジス川中流域コーサラ国の王子であり、三人の異母兄弟があった。ラーマは長兄で、小さいころから全ての物事にすばらしい才能を発揮し、とくに弓矢の術に長けていて、森で聖仙の祭祀の邪魔をする魔族をやっつけたりした。彼は婿選びの競技に勝って、近隣のヴィデーハ国の王女で美しいシーターを妃として娶った。年老いた父王はラーマにコーサラ国の王位を譲るつもりであったが、ラーマは継母の姦策によって、一四年間王国を追放されることになる。異母弟バラタは、彼のために王位を空けて待つ。ラーマは、妃シーターと弟ラクシュマナをつれてガンジス川を越えて南に旅し、数々の魔族を打ち負かす。それに怒ったランカー島に棲む魔族の首領ラーヴァナは、シーターを誘拐してランカー島に幽閉する。ラーマは探索の途中で猿王を助け、その武将ハヌマーンと猿軍がラーマの味方となる。ハヌマーンの働きでシーターがランカー島にいることが判り、猿軍の助けで橋をかけ、そこに攻め入って壮絶な戦いの後、シーターを救出する。

図3　子供向け絵本『ラーマ物語』の表紙。

シーターは火の中に入り焼けずに出てくることによって幽閉中の身の潔白を証明し、ラーマはシーターと共にアヨーディヤに戻って王位を継ぎ、後代に「ラーマの統治」として人々のあこがれる立派な統治を行った。しかし、その後もシーターの貞操を疑う声があり、ラーマはシーターを追放し、彼女は森の中でヴァールミーキの助力のもとにラーマの子（双子の男児）を産み育てた後、大地に入って天界に上る。地上の魔族を滅ぼすため、天から降りてきてラーマ王子となっていたヴィシュヌ神もまた天界に戻る。

以上が、ヴァールミーキ作『ラーマーヤナ』の梗概である。全体七巻の構成であるが、ラーマの幼時を物語る第一巻と、アヨーディヤに戻って後の出来事、すなわち、シーターが再び貞操を疑われて後の出来事を記す第七巻は、後代に付け加えられた部分であり、全体がこのような形をとったのは、ほぼ紀元後三世紀のことと考えられている。この物語は、インド全土で大変に人気があり、かつて国営テレビの大河ドラマとして放映されたときなど、番組が始まる日曜日の午前中には町の通りから人影が消えるほどであったと言う。

図４　図３の絵本の一部。魔族の首領で10の頭をもつラーヴァナの戦い。

「ラーマ物語」の意味と多様性

さて、ここで、ターパル教授の言うところに耳を傾けてみたいのだが、教授はもちろん『ラーマーヤナ』そのものの史実性は認めない。アヨーディヤには、紀元前七世紀をさかのぼる居住の痕跡がなく、あるものも、極めて貧弱なもので、とても都市遺跡と言えるようなものではない。それに加えて、教授によると、ヴァールミーキの『ラーマーヤナ』は、数多く作られた「ラーマ物語」の一つに過ぎないのである。「ラーマ物語」は、紀元前一〇〇〇年ころに北西部のパンジャーブ地方からガンジス川中流域にまで進出したアーリヤ人達が、紀元前五〇〇年ころになって国家を建設し、周囲の部族民と戦って、その勢力を拡大して行くころの話なのである。

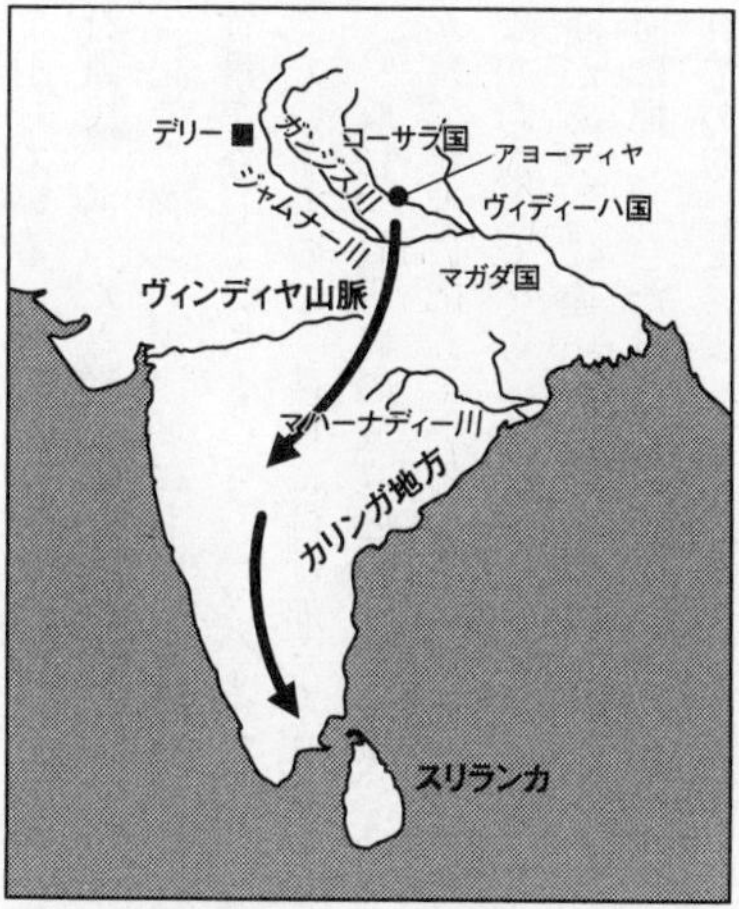

図5　「ラーマーヤナ」に描かれたラーマ王子の旅は、ランカーをスリランカとすれば、およそこのようになる。

物語の中で聖仙の祭祀の邪魔をする魔族として描かれているのは、それらの部族民達であり、ラーマのガンジス川を越えての旅立ちは、森の広がるフロンティアとしての南部への、アーリヤ人たちのさらなる進出を示している。そこでラーマの出会う猿の王国などは、恐らくトーテミックな信仰を持つ狩猟民であったと考えられる。ターパル教授は、君主制に基づく国家の建設が紀元前一千年紀のガンジス川流域において進行し、その君主制と周辺地域での部族制の対立が物語の背景をなしているという。『マハーバーラタ』の場合には、部族間の争いが話の中心となっているものの、後代に付け加えられた部分には、やはり君主制の賛美が見られるという。

一般に、叙事詩の成立というものは、ある一つの中心的出来事のまわりに、長い年月をかけて状況に応じていろいろの物語がつけ加えられ、様々なヴァリエイションを生み出しながら成されていくものである。「ラーマーヤナ」の成立までには、いろいろのラーマ物語があったに違いない。そのことは、ラーマがヴィシュヌ神の化身であるという解釈を前面に押しだした最初と最後の二章が、ヴァールミーキより後代の人間によって付け加えられていることによっても、明らかである。それ以前の物語では、ラーマは人間なのであって、優れた君主としての彼の役割こそが、その主題である。最初と最後の二つの章は、ヴィシュヌ信仰が力を得てきた時代になって、新しい解釈の下につけ加えられたものである。

いろいろの「ラーマ物語」が存在していたことは、実は、仏教文献や、ジャイナ教文献の中にもそれがあることによって確かめられる。面白いのは、そこでは、ラーマ、シーター、ラーヴァナといった主人公たちの役割や相互の関係が、『ラーマーヤナ』のそれとは異なっていることである。紀元前二世紀ころの成立と考えられる仏教の「ジャータカ」によると、シーターはラーマの妹であって、ラーヴァナは登場せず、追放期間を終えて戻ったラーマは、妹シーターを妃として、王国の共同統治をしたという。この場合の兄妹婚は、王族あるいは上流社会をあらわす仏教のシンボリズムであるという。

紀元後三世紀以降に成立したジャイナ教のテキストでは、ラーヴァナやハヌマーンは、魔族や猿ではなくて人間であり、ジャイナ教の信者として描かれている。あるジャイナ教のヴァージョンによれば、シーターは実はラーヴァナの娘で、生まれたときに捨てられたのだという。こうなってくると、ラーヴァナは実の娘を誘拐し、その娘の故に命を落とすことになり、物語の意味合いが、ヴァールミーキの『ラーマーヤナ』とは全く異なったものになってくるのである。インドの場合には、中世に地方語、地方文化が成立してくる過程で、多くの場合サンスクリット語で書かれたヴァールミーキ『ラーマーヤナ』の地方語への翻訳という形をとって、地方版「ラーマ物語」が出現する。しかし、その場合も、たとえば一二世紀ころの成立と思われるカンバンによるタミル語の『ラーマーヤナ』のように、多くはヴァールミーキのものと異なった地方的特徴を色濃く示すものとなっている。

東南アジアの「ラーマ物語」でも、主人公たちの名称は『ラーマーヤナ』のそれが踏襲されながら、筋書きはその土地の状況に応じて大きく改変されている。あるヴェトナムのヴァージョンでは、北部の安南がアヨーディヤとされ、南部の占城がランカーとされ、マラヤのイスラーム系ヴァージョンでは、アダムやマホメットも登場するという。ジャワに

図6　ジャワ島プランバナンのヒンドゥー寺院レリーフに見るラーマ物語。

は、七世紀ころのインドの詩人バッティが著した『バッティカーヴィヤ』を素材とした『ラーマーヤナ』があり、それは現存最古の文学作品（カカウィン）である。タイでは『ラーマ・キエン』、カンボジアでは『リアムケー』という形で伝えられている。

ラーマ信仰の展開

これらの「ラーマ物語」に、さらにまた大きな変化が起こるのは、紀元後一〇〇〇年を過ぎてからである。それは南インドで展開したバクティと呼ばれるヒンドゥー教の絶対帰依の信仰が北インドにもたらされ、ラーマ信仰、あるいはクリシュナ信仰として発展したからである。ヴィシュヌ信仰が力を得て後、『ラーマーヤナ』におけるラーマはヴィシュヌ神の化身として崇拝されたのであるが、バクティ運動が展開すると、ラーマはヴィシュヌ神の化身としてではなく、それ自身がラーマ神として信仰の対象とされるようになるのである。それと同時にアヨーディヤは、ラーマ神にまつわる聖地となり、ラーマ王子生誕寺院が建てられたりするようになってくるのである。

このラーマ・バクティ運動の展開と共に、「ラーマーヤナ」は、大勢の信者に読んで聞かせる「聖典」とならねばならず、一部のエリートにしか理解できないサンスクリット語ではなく、誰にでもわかる言葉に置きかえられることになる。一六世紀になって、トゥルシーダースというバクティ詩人によるヒンディー語のラーマ物語『ラーム・チャリット・マーナス』が生みだされたのは、そのような状況下においてであった。この作品は、ヒンディー文学の不朽の名作とも言われるが、何よりもラーマ神への絶対帰依を説く宗教作品であり、「聖典」となっている。主人公ラーマは、人間がこうなくてはならないという、そのあるべき姿を人々に教える神なのであり、シーターもまた神妃なのである。

シーターについては、一〇世紀前後からの女神信仰の展開と共に、その性格づけに幾つかの大きな変化が起こっている。すなわち、戦うシーターの登場である。そこでは、シーターはヴィシュヌ神の妃ラクシュミーの化身ではなく、女神シャク

図7　ワーラーナシーのガートで夕方に行われるラーマ物語の朗読。

ティの化身であって、一人敢然とラーヴァナと戦い、それを倒すのである。また、女神がその貞操を疑われて、火の中に身を投じるという設定を避けるため、影のシーターという観念が生み出された。すなわち、ラーヴァナに誘拐され、ランカー島に幽閉されたのは影のシーターであって、火の中からは、それ以前に火神アグニに預けられていた本物のシーターが出てくるという設定がなされるようになってきたのである。この設定は、ラーマ・バクティ派のテキストでも踏襲されている。

ラーマ信仰と共にクリシュナ信仰がポピュラリティーを得てくると、ラーマ物語の中にその要素も取り入れられるようになってくる。『ラーマーヤナ』に付け加えられた幼時のラーマを物語る第一章は、幼時の出来事に特徴をもつクリシュナ伝説の影響であるということが指摘されている。アヨーディヤが聖地化され、ここでラーマ王子が生まれたといったことが言われるようになるのは、クリシュナ神にまつわるジャムナー川ほとりのヴリンダーヴァンが聖地化されるのと、軌を一にする現象なのである。

「文化表現」としてのラーマ物語

しかし、先に見たように、実はインドそのものにおいても、「ラーマ物語」は、時代、地方、そしてそれを必要とした人々の立場によって、様々な姿を示しているのである。その意味において、ラーマ物語は、インド人全体が共同で行ってきた「文化表現」なのであると、ターパル教授は述べている。

ところが、「アヨーディヤ事件」に登場し、バーブル・モスクの破壊によって象徴される「ラーマ物語」は、ヴァールミーキの『ラーマーヤナ』とトゥルシーダースの『ラーム・チャリット・マーナス』に基づく、特定宗派の「聖典」としての「ラーマ物語」なのである。かつてインドの国営テレビが大河ドラマとして放映した「ラーマーヤナ」もまさにそれであり、ターパル教授によると、最近のインドでは、このヴィシュヌ信仰、ラーマ信仰という特定の宗教的立場からする「ラーマ物語」の国家的標準化が行なわれていて、より豊かなインド全体に適合する「インドの文化表現」としての「ラーマ物語」が、抹殺されようとしているのだという。

「カレーライス」について記す第10章において、地方やカーストなど、様々な要因によって様々に異なるインドの料理が、カレーによる味付けによって、インドの料理という統一性を確保していることを説明した。その統一が、一つの特定の料理をインド料理とすることではないのと同様に、ラーマ物語も、『ラーマーヤナ』

図8　ケーララの舞踊劇カタカリのラーマ神。

や『ラーム・チャリット・マーナス』という一つの特定の作品によってではなく、それらを包含する「ラーマ物語」によってこそ、インド文化の統一性を獲得することになるのである。

参考文献

・原実「ラーマ物語と桃太郎童話」日本オリエント学会編『足利惇氏博士喜寿記念オリエント学・インド学論集』国書刊行会、一九七八
・ヴァールミーキ『ラーマーヤナ』(岩本裕訳) 1・2 東洋文庫、平凡社、一九八〇・八五
・Srinivasa Iyengar, K.R., *Asian Variations of Ramayana*, Sahitya Akademi, Madras, 1983
・Romila Thapar, "A Historical Perspective on the Story of Rama," S. Gopal (ed.), *Anatomy of a Confrontation, The Babri Masjid-Ram Janmabhumi Issue*, Penguin Books, 1991
・青山亨「古代ジャワにおける自己と他者」辛島昇・高山博編『地域のイメージ』(地域の世界史2) 山川出版社、一九九七
・金子量重・坂田貞二・鈴木正崇編『ラーマーヤナの宇宙——伝承と民族造形』春秋社、一九九八
・大野徹編『インドのラーマーヤナ』大阪外国語大学東南アジア古典文学研究会、一九九九

2　言語・民族問題――ドラヴィダ運動を中心に

四つの言語グループの来住

インド亜大陸における言語事情、民族問題の複雑なことは、南アジア文化と社会を認識するに当たって、まず基本的に知らなければならない重要な事柄である。インド共和国の中で、憲法に記された公用語の数が一八に上ることはある程度知られているが、ではそこでは、一体いくつの言語が話されているのであろうか。インドでは、一八七一年以来、西暦で最後に一のつく年ごとに、国勢調査を行なってきているが、その調査項目の中に、あなたは家で何語を話していますかという質問があり、それに対しては、八〇〇以上の言語の名が挙がるという。ただそれは、回答者の素人判断であるので、中には多くの方言が含まれていたり、おかしな言語の名が挙がることも少なくないらしい。しかし、言語学者がそのようなものを排除しても、なおそこにおよそ二六〇もの異なった言語が残るのだという。

この状況は、インド共和国だけでなく、南アジアの国々にほぼ共通している。ただ、そ

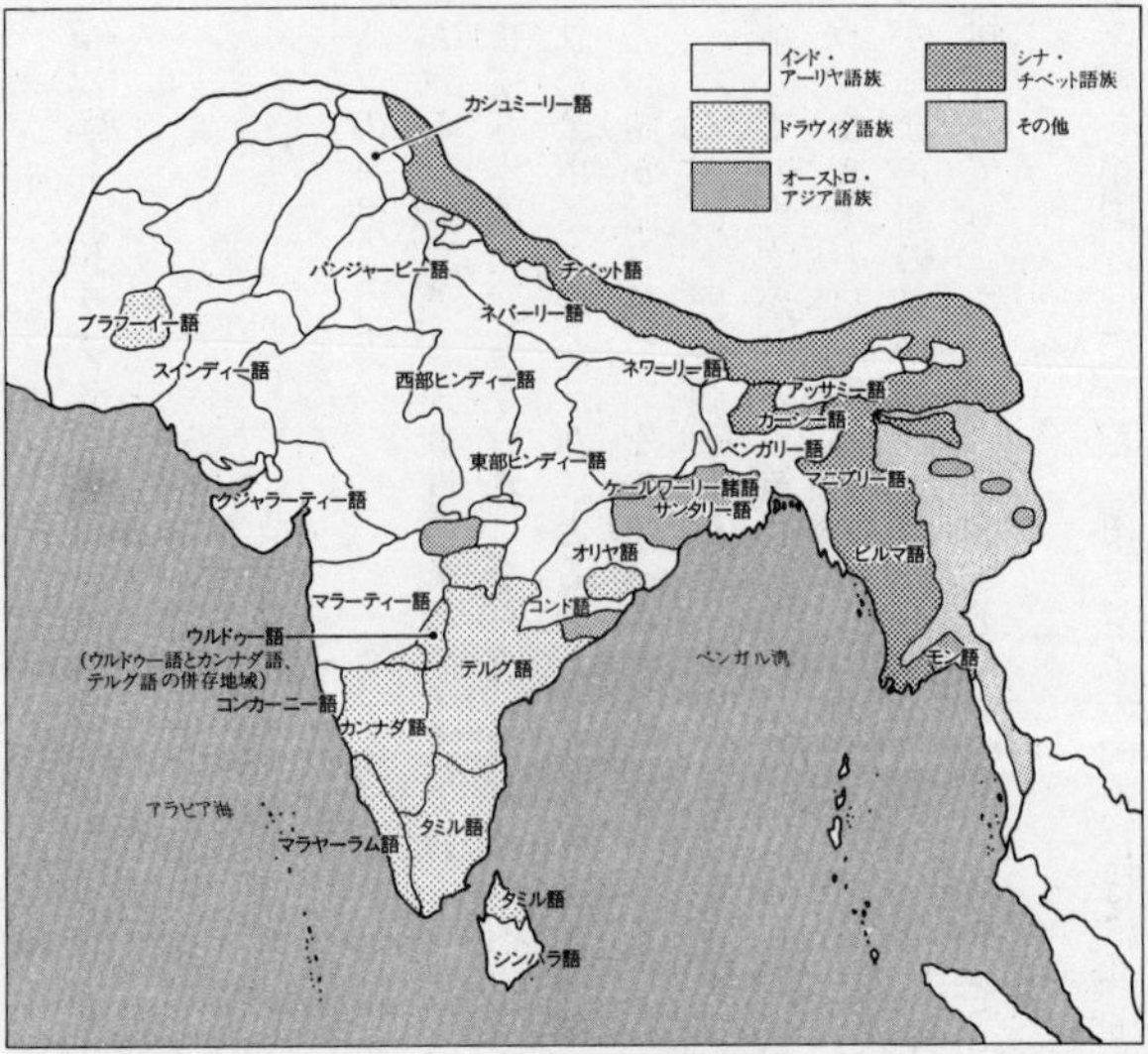

インド・アーリヤ語族
シナ・チベット語族
ドラヴィダ語族
その他
オーストロ・アジア語族
カシュミーリー語
チベット語
パンジャービー語
ネパーリー語
ブラフーイー語
スインディー語
西部ヒンディー語
ネワーリー語
アッサミー語
カーシー語
ベンガリー語
東部ヒンディー語
マニプリー語
ケールワーリー諸語
サンタリー語
グジャラーティー語
オリヤ語
ビルマ語
マラーティー語
コンド語
ウルドゥー語
（ウルドゥー語とカンナダ語、テルグ語の併存地域）
テルグ語
ベンガル湾
モン語
コンカーニー語
カンナダ語
アラビア海
タミル語
マラヤーラム語
タミル語
シンハラ語

図9　インドの言語地図。

のような大変な数の言語も、それを言語グループにまとめてみると、たった四つのグループがあるということになる。インド・アーリヤ語族、ドラヴィダ語族、チベット・ビルマ語族、オーストロ・アジア語族の、四つである。

この四つの言語グループのうち、オーストロ・アジア語のグループは、極めて古い時代から亜大陸に住みついていたものと想定される。東南アジアのヴェトナム語、クメール語（カンボジア）、モン語（ミャンマー）などはこのグループで、民族移動の波としてどちらからどちらへ移動したのかは判らないが、可能性として、もともとは中国南部の雲南地方にいて、そこから二手に分かれて、両方の地へ移動したとも考えられよう。いずれにせよ、このオーストロ・アジア語のグループは、古くはインド亜大陸全域に広がっていたらしく、この言語による地名が、インド各地に残っている。ガンジス川を表す「ガンガー」も、元来はこの言語の「川」を表す普通名詞であったと解釈される。

つぎに、チベット・ビルマ語族は、シナ・チベット語族の一部で、中国語、チベット語、ビルマ語の他に、タイ語なども、このグループに属する。インド亜大陸では現在は北部から東部にかけての山岳地帯に分布していて、かつて亜大陸全域に広まっていたとは考えられない。ただし、古代にガンジス平原には広まっていたらしく、紀元前一千年紀中葉に有力な国家をつくり、ブッダやマハーヴィーラを生んだシャーキヤ族、リッチャヴィ族などは、この言語グループに属したと考えられている。

ドラヴィダ語族については、かつて、その一つのタミル語が日本語のルーツであるというような騒がれ方をしたことがあったが、未だに世界のどの言語とも親縁関係が証明されていない。ただ、この言語グループは、紀元前三五〇〇年ころに中央アジアか西アジアからアフガン台地を経てインドの地に入ったと考えられている。反対者もいないではないが、最近ではインダス文明を築いたのはこの言語グループであったとも考えられるようになってきているので、第5章を参照していただきたい。このグループの主要言語は全て南インドで話されていて、彼らが亜大陸西北部から南下を開始したのは、アーリヤ語グループが進入した、紀元前一五〇〇年ころと考えられている。

アーリヤ語族が、広くはインド・ヨーロッパ語族に属し、したがって、古代語のサンスクリット語とギリシア語などはもとより、英語、フランス語などと、ヒンディー語、ベンガーリー語などもつながりのあることはよく知られている。たとえば、太陽は、それぞれの言語で、サン、ソレイユ、スーリヤ、シュッジョである。彼らの共通の祖先は東ヨーロッパのどこかにいて、一派が西進してヨーロッパに入り、一派が東進してインドの地までやってきたのである。途中でわかれてイランに入ったグループの言語がイラン語で、インド・アーリヤ語と極めて近い関係にある。

地方語・地方文化の成立へ

現在の分布を見てみると、アーリヤ諸語は北インド一帯に広がり、ドラヴィダ諸語は、パキスタンのバルーチ地方や、インドのガンジス川下流域に少数の個別語があるものの、大部分は南インドに分布している。オーストロ・アジア諸語は、ヴィンディヤ山脈東部およびアッサム地方の山中にムンダー、サンタールなど少数部族民の言語として残るのみで、インド共和国全人口の一・五パーセントを占めるに過ぎない。チベット・ビルマ諸語は、ネパールのネワーリー語、インド、アッサム地方のマニプリー語などがそうであるが、インド共和国の中での人口比はさらに小さく、一パーセント以下である。

図10　5ルピー紙幣（部分）。ヒンディー語と英語を含め、15の言語と文字で記されている。

このようにオーストロ・アジア諸語とチベット・ビルマ諸語の現在の人口が少ないのは、彼らの言語がその後に亜大陸にやってきたドラヴィダ語族、アーリヤ語族の言語に吸収されて、彼らもそれらの言語の話し手となってしまったからである。山中の少数部族だけがその波から逃れて元来の言語を保ったのである。ドラヴィダ民族とアーリヤ民族は、ある期間北インドの地で共存していて、彼らの言語の間には、相互の影響が強く見られる。しかし、ドラヴィダ民族が南進したために、最終的には両者の住み分けが成立したのである。

　さて、アーリヤ語の方は、紀元前一千年紀に文章語サンスクリット語と口語プラークリット語が成立し、その後、プラークリット語が地方的特色を深めるにしたがって、紀元一〇〇〇年ころから、近代地方語が形をとるようになる。マラーティー語、ベンガリー語などの成立である。ただし、ヒンディー語は、もっと遅れて一八世紀ころの成立である。他方、ドラヴィダ語の方は、紀元前一千年紀の中葉にタミル語、カンナダ語、テルグ語などの別がはっきりするようになって（タミル語とカンナダ語の分岐についてはもっと遅くする説もある）、紀元前後の時期にタミル語は古典文学を発展させている。マラーヤーラム語の成立はずっと遅れて一〇世紀ころのことである。

図11　ケーララ州北部ダルマダム駅の案内板は、マラヤーラム、ヒンディー、英語の3言語、3文字で書かれている。

このように各地方語が成立したことは、そこに特色ある地方文化が築かれることを意味し、いわゆる「民族文化」が形成されることになるのである。もちろん、それは大きな意味でのインド文化の枠の中ではあるのだが、この地方語に基盤をもつ異なった民族文化の存在は、近代におけるネイション・ステイト（民族〔国民〕国家）としてのインド共和国、その他の南アジアの国に、重要な政治課題を与えることになる。すなわち最終的な問題は、そのように内部に異なった民族文化を抱えながら、国家としての統一をどうやって図り、保つかということになるのだが、それに際して、言語政策が極めて重要な課題となる。とりわけ、国語をどのように定めるかが大きな問題となることは言うまでもない。

　インド共和国の場合、独立運動を戦っていた国民会議派が、ヒンディー語を将来の国語にしようとした時期があったのであるが、後述するように、それには反対運動

図12　1938年の反ヒンディー語闘争ポスター。ラージャゴーパーラチャーリが「母なるタミル」を刺そうとしている。

も起こって、独立後の憲法制定に際し、それを何語と定めることができなかった。暫定的に、英語とヒンディー語を中央政府レベルの共通語としながら、国語は一五年の内に定めるということにしたが、その一五年が経った一九六五年に国語問題が再燃し、再び暴動が起きたのである。以下にその経緯を、ドラヴィダ運動と連関させながら見てみよう。

「非バラモン運動」としての展開

ドラヴィダ運動とは、南インドのタミルナードゥ州を中心に行なわれた「民族」運動であるが、それはカーストの問題と密接にからんでいる。インドの伝統的ヒンドゥー社会では、最上位カーストとしての優位を保つバラモンによる他のカーストへの圧迫が厳しかったが、それはとくに南インドにおいてそうであった。というのも、社会のカースト（ヴァルナ）構成として、南インドでは、二番目、三番目のカースト（ヴァルナ）に当たる、クシャトリヤやヴァイシャの勢力が弱く、最上位のバラモンが最下位のシュードラを直接に支配するといった関係が見られたからである。

二〇世紀初頭、南インドにおけるそれらシュードラ・カースト（ヴァルナ）を中心とした非バラモンの有力カースト（ジャーティ）が経済的力をつけてくるにしたがって、何とかしてバラモンをその特権的地位から引きずり下ろし、自分たちの権利を確立しようという「非バラモン運動」が展開されるようになった。

一九一六年には、彼らによる「非バラモン宣言」がだされ、翌年には南インド自由連盟という政党組織も結成されている。長文の「非バラモン宣言」の中では、イギリス統治下においてもバラモンがいかに特権的地位を独占してきているかが、例えば、インド人に開かれている高級官職である判事補職の八三パーセント、郡長職の七三パーセントをバラモンが占めているというような数字と共に述べられている。バラモンの全人口比が三パーセント程度であることを考慮すれば、彼らの独占のすさまじさが判ろうというものである。教育についても、タミルのバラモンの識字率が七四パーセント、英語を知っている率が一八パーセントであるのに対し、タミルの有力な農業カーストであるヴェッラーラのそれが、七パーセントと、〇・二パーセントに過ぎないというのである。

　この非バラモン運動が始まったのは、アフリカから帰ったガンディーが政治の舞台に登場した時期に当たり、一九一九年には全インド的規模でのハルタール（同盟罷

図13「母なるタミル」を表紙にした、タミル人の雑誌（タミル・ワッタム）。

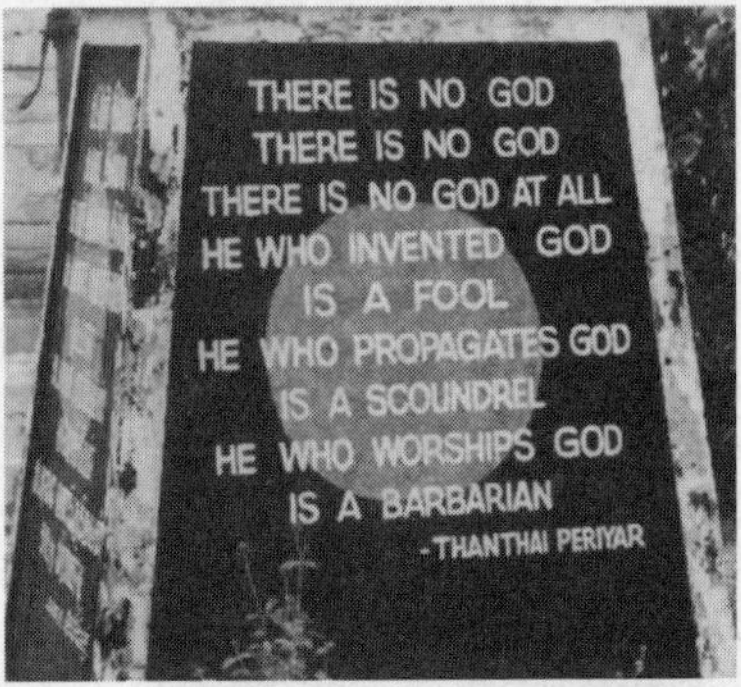

図14　チェンナイにあるペリヤールの銅像台座にある彼の言葉。激しく宗教を批判している。

業）が行なわれ、アムリトサルでの大虐殺事件が起こるなど、国民会議派とガンディーの指導の下、独立運動が大きな高まりを見せていた。それに対して、正義党（南インド自由連盟は、機関紙『正義』の名をとってこう呼ばれた）は、「今インドが独立すれば、イギリスの支配がバラモンの支配に代わるだけであって、われわれは独立を望まない。イギリス政府の助力を得て、バラモンの力を制限し、自分たちの権力を確立していきたい」と主張したのである。

その後、一九三〇年には有名な「塩の行進」も行なわれ、独立運動が一層の高まりを見せていく中で、そのように親英的立場をとる正義党は力を伸ばすことができないでいたのであるが、一九三七年に事態が大きく転換した。実は、高まる独立・自治要求の波に押されて、三五年に新しいインド統治法が成立し、それに基づく選挙が三七年に行なわれたのであるが、マドラス州では、国民会議派が選挙に勝って、その内閣が誕生した。そして、首相となったバラモンのラージャゴーパーラチャーリが、将来の国語化と関連して、マドラス州へのヒンディー語教育の導入を図ったのである。

これに対して、大変な反対運動が起こった。その先頭に立ったのは、かねてから独自に激しい反バラモン運動を続けていたラーマスワーミ・ナーイカル（通称ペリヤール）であった。彼は、「バラモンの家に火を放ち、バラモンを殺せ」というような激しいアジ演説で知られたが、ヒンディー語の導入に反対してデモを組織し、逮捕、投獄された。ところが、正義党は獄中にある彼を、その党首に選出したのである。ペリヤールはその後、自らドラヴィダ連盟（DK）という政党を組織し、親英的態度を捨ててドラヴィダ民族の独立のための戦いを始めるが、この三七年のヒンディー語導入問題は、非バラモン運動からドラヴィダ運動への転換点を成すものであった。

図15　ペリヤール（1879-1973）。

ドラヴィダ運動の展開

バラモンが最上位カーストとしての立場から、他のカーストを社会的に厳しく支配してきたことは、「非バラモン宣言」の縷々述べるところであったが、バラモンというのは、南インドに住んでタミル語を話していても、北インドのアーリヤ民族であり、南インドの非バラモンはドラヴィダ民族であるというのが、その転換の論理であった。すなわち、北インドのアーリヤ民族はこれまで南インドのドラヴィダ民族を不当に圧迫し、政治的、社会的、経済的に支配し続けてきたのであるが、そのシンボル的存在が、サンスクリットを学習するバラモンであるというのである。

北インドで成立した有名な叙事詩『ラーマーヤナ』の中で、アーリヤ人の王子ラーマは、ヴィンディヤ山脈を越えて南にやってくる。しかし、そこで出会うのは、魔族であり、猿であり、それは北インドのアーリヤ人たちが、南インドのドラヴィダ人を軽蔑し、人間扱いしていない証拠であるという。シュードラを徹底的に侮蔑して、その社会的搾取を正当化する『マヌ法典』についても、それが北インドのバラモンの生み出したものであるという主張が繰り返しなされた。南インドの非バラモンたちは、自分たちをドラヴィダ民族と規定し、バラモンは北インドのアーリヤ民族であるとすることによって、それまでのカースト制度上の争いを、民族の争いへと転嫁させたのであり、そのきっかけが、ヒンディー語導入問題だったのである。

ペリヤールは、一九四七年のインドの独立に際して、南インドの「ドラヴィダスターン」としての分離独立を図ったが、実現せず、一九四九年、ドラヴィダ運動の主流は、過激なペリヤールと袂を分かって、穏健な議会主義的路線の政党「ドラヴィダ進歩連盟（DMK）」を設立したアンナードゥライへと移った。このドラヴィダ運動は、ドラヴィダとは言っても、実は、タミル語を話すタミル人の運動であったが、ヒンディー語問題によって再び大きく盛り上がることになった。

それは先に述べたように、憲法制定後十五年が近づくにつれて、国語問題が再浮上してきたからである。十五年目に当たる一九六五年には、ヒンディー語の国語化を図ろうとする国民会議派に対してDMKが反対運動を繰り広げ、三七年の闘争が再現した。マドラス州の各地で暴動が起こり、結局、ヒンディー語の国語化は見送られ、猶予期間はさらに延長された。しかし、これで勢いをつけたDMKは、その後も勢力を増大し、一九六七年の選挙に際して、ついにマドラスの州議会を制したのである。

図16　1965年の反ヒンディー語闘争に際してハンガーストライキをする学生。

アンナードゥライが首相となり、ドラヴィダ運動は念願の政治目的を達成し、マドラス州はタミルナードゥ州と名称を変更された。このドラヴィダ運動

図17　切手になったアンナードゥライ。

によって一体何が達成されたのかといえば、一つには、非バラモン運動の帰結としての、従来のカースト秩序の破壊である。すなわち、この運動を通じて、確かにバラモンの社会的優位とその支配は覆された。その結果としての逆差別も起こり、バラモンの多くがタミルナードゥの外へと出て行くことになったのである。

では、民族問題はどうであったかと言えば、それは、DMKが州の政権をとったことによって終わったのではなく、ここから始まったのである。すなわち、実はインドの歴史を通じて、北インドと南インドとが、あるいは、アーリヤ民族とドラヴィダ民族とが対抗し、争ったなどということは、虚構としてしかなかったことである。それが実はこのドラヴィダ運動の展開を通じて、ある程度の実体的意味をもたされてしまったところに問題があるのである。すなわち、インドの中における民族問題が、ここから生みだされることになったのである。しかも、そこにはもう一つの虚構性があって、ドラヴィダ民族とは言いながら、実際の運動はタミル人の運動であって、その意味では、タミル民族主義の誕生であったのである。

ここではこれ以上、インドにおける「民族主義」一般の問題には入らないが、最後に強調したいのは、このような民族問題における言語の役割である。カースト間のヘゲモニー争いとしてはさほどの力を結集できずにいた非バラモン運動が、一度言語の問題と絡むと大きなエネルギーを発散する民族運動へと転換して行く、そこのところに我々は注目すべきであろう。とくにそれが「国語」の問題となると、大学の入学試験、就職試験などと絡んで、民族の意地といった側面を超えて、現実の利害問題として大きな意味をもってくるのである。

スリランカの民族紛争

スリランカの民族紛争は、やはりこの言語問題と大きな関わりをもっている。その紛争はもちろん、言語だけがその理由ではなく、様々な原因と事態の重なりがそれを引き起こしたと言わなければならないが、言語がその中心にあったことは否定できない。すなわち、スリランカでは、話者の数が多く、社会的に大きな意味をもつ言語としては、アーリヤ系のシンハラ語とドラヴィダ系のタミル語の二つ（ほぼ、四対一の比）ということになるのであるが、一九五六年スリランカ自由党を率いて選挙戦を戦ったバンダーラナーヤカは、

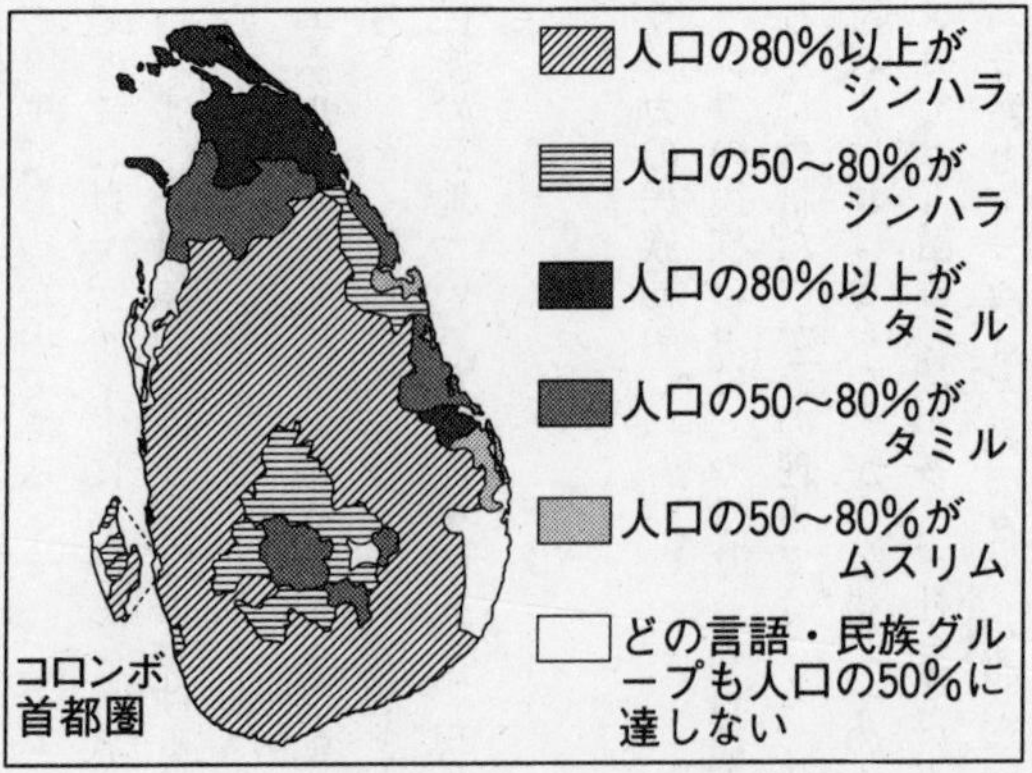

図18　スリランカの言語・民族グループ地図（K.M.de Silva による）。

言語・民族		パーセント
シンハラ		74.0
タミル	スリランカ・タミル	12.7
	インド・タミル	5.5
ムスリム		7.3
その他		0.5

図19　スリランカの言語・民族構成（K.M.de Silva による）。

シンハラ語を唯一の公用語とする「シンハラ・オンリー政策」を掲げたことによって大勝し、政権の座についた。その後の政権もその政策を継承し、タミル語に公用語としての地位を認めなかったことが、タミル人の不満を増大させたのである。七二年の憲法改正後に紛争はエスカレートし、七八年になって政府は初めてタミル語をも国語とした（ただし、公用語ではない）。さらに、八三年の大暴動をへて、八七年にはタミル語をも公用語とする決定を下したが、一旦始まった紛争は、今なお続いて解決の兆しを見せていない。

参考文献

・辛島昇編『インド世界の歴史像』（民族の世界史7）山川出版社、一九八五
・Eugene F. Irschick, *Tamil Revivalism in the 1930s*, Cre-A, Madras, 1986
・辛島昇「民族とカースト――南インドにおけるドラヴィダ運動を例として」川田順造・福井勝義編『民族とは何か』岩波書店、一九八八
・辛島昇「歴史学から見た民族」岡正雄他編『民族とは何か』（民族の世界史1）山川出版社、一九九一
・辛島昇編『ドラヴィダの世界――インド入門Ⅱ』東京大学出版会、一九九四
・林明「スリランカの民族紛争とインド」辛島昇編『ドラヴィダの世界』所収
・K. M. de Silva, *Reaping the Whirlwind, Ethnic Conflict, Ethnic Politics in Sri Lanka*, Penguin Books India, New Delhi, 1998

3　カーストとは何か——その発生と行方

「ヴァルナ」としてのカースト

インドと言えばすぐにカーストの話になるのだが、このカーストとは「一体どのようなものかよく判らない」、という声を聞く。それは、カーストという言葉が、これから説明するヴァルナとジャーティの両方の語に対して用いられ、そこで混同が起こるからである。カーストと聞いてわれわれがすぐに思い出すのは、バラモン、クシャトリヤ、ヴァイシャ、シュードラ、という古代インドにおける四つの身分区分である。これは高校の世界史の教科書に載っていて、そこでは、バラモンは司祭・宗教階層、クシャトリヤは王族・戦士階層、ヴァイシャは商人階層、シュードラは隷属階層で、この四つの身分区分をヴァルナといい、後代のカーストの基となったものである、といった説明が見られる。それはそれでいいのだが、それと同時に、インドにはたくさんのカーストがあるという話も耳にする。その上、洗濯屋さんが一つのカーストだとか、カーストは地方ごとに異なるのだなどと言われると、もう混乱してしまう。それは実はインドでは、ヴァルナと別に、ジャーティという言葉によって表される集団があるからである。

実は、このような混乱の原因はポルトガル人にある。なぜポルトガル人かと言えば、一六世紀に彼らがゴアその他の地に住み着くようになったとき、インド人の社会を観察して記録を残したからである。それによると、そこに上等・下等の区別があったり、職業を同じくする集団があったり、一緒に食事をしなかったり、結婚しなかったりと様々であったのであるが、ともかく彼らポルトガル人には奇妙に思えるその様々な集団を、「血統」「種類」などを意味するポルトガル語で総称して「カスタ」と呼んだのである。そのポルトガル語が後に英語に入ってカーストとなったのであるが、実は、上記したように、インドではヴァルナ、ジャーティと言って別の言葉で呼んでいた性格の異なる二つの集団を、同じカスタ、あるいはカースト、という語で呼んでしまったところに混乱の原因がある。

アーリヤ民族	バラモン	司祭・宗教階層
	クシャトリヤ	王族・戦士階層
	ヴァイシャ	平民（商人）階層
先住民	シュードラ	隷属（農民）階層

図20　ヴァルナ構成。

ヴァルナは言ってみれば古代に成立した大きな枠組みとしての身分秩序なのであるが、それについて今少し説明しておこう。ヴァルナとは元来、「色」を表す語であるが、それが何故身分の区別を表すようになったかといえば、紀元前一五〇〇年くらいにインド亜大陸に進出したアーリヤ民族が、自分たちの皮膚の色が白いのに対して、先住民の色が黒かったことから、色によってその区別を表したことによっている。したがって初めは二つの区分、自分たちと彼らの間の区分、あるいは、先住民を隷属的立場において、自分たちと隷属民という区分であったと想像される。

それが、パンジャーブの地に留まっているうちにアーリヤ人の社会が発展し、その中に宗教的な事柄を司る司祭階層、部族をまとめる貴族階層が出てくることによって、先住民との区別の他に、司祭階層、貴族階層に一般庶民を加えた三階層ができあがった。紀元前一〇〇〇年ころ彼らがガンジス川流域に進出するようになると、宗教階層の力が強まり、彼らの手によってこれらが統合されて、バラモン、クシャトリヤ、ヴァイシャ（以上がアーリヤ民族内部の三階層）、シュードラ（先住の隷属民）という、ヴァルナの四区分が成立するようになったのである。後に触れるように、上位三者とシュードラの間に大きな線が引かれているのは、最初の二区分がずっと尾を引いているからと言えるであろう。仏典では、順位としてクシャトリヤを一番上にしているが、最終的にバラモンの優位は動かなかった。

「ジャーティ」としてのカースト

この古代的な体制としてのヴァルナ制が、いつ、どのようにして、ジャーティの体制に移行してゆくかは後に説明するとして、まず、ジャーティとはどのようなものか、それを先に説明しよう。実はインドのヒンドゥー教徒に対して、あなたのカーストは何ですか、という質問をしたとすると（今日ではそのような質問をしてはならないのだが）、答えとして、ヴァルナではなくて、もっと小さな集団名が挙げられるのが普通である。いわく、カーヤスタです。ナイルです、などと。それがジャーティである。

ジャーティとは「生まれ」の意味なのであるが、この集団は基本的に内婚集団、すなわち、その集団メンバーの中だけでしか結婚しない集団であり、メンバーシップは生まれによってのみ与えられるのである。さて、そのような集団がインドに幾つあるかとなると、実は、誰も正確には答えられない。三〇〇〇あるとも、四〇〇〇あるとも言われる。仮に、四〇〇〇だとして、ヒンドゥー教徒の人口を八億だとすると、ジャーティの平均人口は二〇万人ということになる。実際には大小様々なのだが、およそそのくらいの数の集団として考えて大過ない。

①	内婚をする
②	職業と結びつく
③	上下のランキング
④	地域性

図21　ジャーティの特徴。

この集団は、先の、一、内婚という特徴の他に、他の三つの特徴を持つ。すなわち、二、職業と結びつく、三、上下のランキングがある、四、地域性がある、である。職業との結びつきとは、一つのジャーティのメンバーは、みな同じ職業に従事するということである。ポルトガル人は、カスタについて、靴職人の息子は靴職人であると述べているが、それはこの職業とジャーティの結びつきを示している。つぎに、上下のランキングというのは、ジャーティの間には、どっちが上だ下だという上下関係があって、全体がヴァルナとも関係付けられて、そこに大雑把なランキングが見られることである。

地域性と言うのは、ヴァルナが全インド的なものであって、どこに行っても四つのヴァルナは存在し、ヒンドゥー教社会である限り、そうなのだが、一つのジャーティは、ごく限られた小さな地方にしか存在しないのである。同じ洗濯屋さんの集団でも、デリーの洗濯屋さんはドービーといってヒンディー語を話し、マドラスの洗濯屋さんはワンナーンといってタミル語を話し、互いに通婚をしない。ジャーティが違うのである。

スィハーナ村のジャーティ関係

さて、このジャーティ集団の社会的存在形態を理解するために、一つの村を取り上げ、その中における存在の仕方を見てみよう。かなり昔のことにはなるのだが、二人の日本人女性が調査した報告によると、ラージャスターンにあるスィハーナ村は、人口一三九三人、二三九世帯であるが、そこに二九のジャーティが存在したという。それらは、まず大きく上層、中層、下層の三グループに分けられるが、上層には、Aバラモン、Bマハージャン（商人）、Cラージプート（地主）がこの順位でランクされる。中層は、その中での上位グループDと、下位グループEに分けられるが、Dには、神殿の番人を職業とするナート、グサーイー、ヴァイラーギーの三ジャーティと、ジャート（農業）、ガードリー（羊飼い）、キール（蔬菜作り）、マーリー（庭師）の四ジャーティとが含まれる。その中では、神殿の

浄	上層	A	バラモン（司祭・地主・農業）
		B	マハージャン（商人）
		C	ラージプート（地主・農業）
	中層	D	ナート（神殿番人）、グサーイー（神殿番人）、ヴァイラーギー（神殿番人）、ジャート（農業）、ガードリー（羊飼い）、キール（野菜作り）、マーリー（庭師）
		E	スタール（大工）、スナール（金細工師）、クマール（陶工）、ナーイー（床屋）、ローハール（鍛冶屋）、ダルジー（仕立人）、ダローガー（召使）、テーリー（搾油職人）、カラール（酒屋）
不浄	下層	F	ビール（触れ廻り）、ジャングリヤー（村の見廻り）、ドービー（洗濯人）、ナーイク（番人）、ダマーミー（楽師）、ドーリー（楽師）、スルグラー（楽師）、チャマール（皮革職人）、カティーク（屠場職人）
		G	バンギー（汚物処理）

図22　スィハーナ村のジャーティ構成。

番人三ジャーティの方が農業関係四ジャーティより多少上位にあるような徴候が見られるという。

グループEには、職人、サービス・ジャーティが名を連ね、スタール（大工）、スナール（金細工師）、クマール（陶工）、ナーイー（床屋）、ローハール（鍛冶屋）、ダルジー（仕立人）、ダローガー（召使）、テーリー（搾油職人）、カラール（酒屋）の九ジャーティがあり、中で、ダローガー、テーリー、カラールの三ジャーティは他に比べて低く見られていると言う。下層グループはまた、上位Fと下位Gのグループに分けられるが、Fには、元来部族民で伝統的には「触れ廻り」を仕事とするビール、「村の見廻り」を仕事とするジャングリヤーの他に、ドービー（洗濯人）、ナーイク（番人）、ダマーミー（楽師）、ドーリー（楽師）、スルグラー（楽師）、チャマール（皮革職人）、カティーク（屠場職人）が分類され、最下位Gには、掃除人（汚物処理）のバンギーが挙げられる。
調査者はこのようなランキングを見出すのに、ずいぶんと苦労したらしい。あなたのジャーティとかくかくのジャーティとどっちが上だとか、あなたのジャーティは何番目だとか聞いてもまともな答えは返ってこない。結局、食事を中心とした聞き方をして、やっと調べることができたという。すなわち、あなたは、あの人と一緒に食事をすることができるか、だれそれから水で料理をしたカッチャーと呼ばれる食事を受け取ることができるか、あるいは、パッカーと呼ばれる揚げ物を受け取ることができるかというような質問にかえて調べたのである。

つまり、ジャーティの上下関係には、穢れの観念が結合していて、その穢れは、身体的接触によってうつるのであるが、食物の授受、あるいは一緒に食事をとることによってもうつるのである。したがって、上のジャーティの者は、下のジャーティの者と一緒に食事をしたがらない。一緒に食事をできるのは、厳密に言えば同一ジャーティの中だけであるが、先述のグループ分けから推察されるように、同等のジャーティ、つまり、同じ程度のランクで、一緒に食事をしてもかまわないジャーティというのもあるのである。また、揚げ物のパッカーは汚染の力が弱く比較的安全で、上・中ジャーティの間では授受が可能であると言う。ただし、彼らも、下層ジャーティの者からはパッカーも受け取らない。

そのようなことを考慮して、誰と一緒に、誰から、と言うような聞き方をして、ジャーティの上下関係を調べ上げたのだそうである。これから判るのは、ジャーティというのはきちんと順番がついてランクが定められるわけではなく、幾つかのグループとして上下が定められるということである。ただし、あるところには、厳しい線がひかれる。上の例でいえば、太い線は中層ジャーティと下層ジャーティの間であって、上層・中層ジャーティは「浄」の扱い、下層ジャーティは「不浄」の扱いとなるのである。上層と中層を分かつのは、女性が再婚する習慣を持つかどうかで、再婚を許すジャーティが中層として下におかれると調査者は述べている。しかし、その違いは、ちょうど上位三ヴァルナか、四番目のシュードラかの違いに合致している。つまり、ヴァルナはジャーティをグループ分けする大枠として働いているのである。逆にいえば、各ジャーティは、どれかのヴァルナか、あるいは、その下におかれ不浄とされる不可触民かに属することになる。

図23　スィハーナ村風景（入り口付近）。

ただ、この村の例で注目されるのは、上位三ヴァルナの上層ジャーティの中で、マハージャンが上位で、ラージプートが下位とされていることである。マハージャンは商人でヴァイシャに属すのに対して、ラージプートは本来この地方の領主階層として、クシャトリヤに属しているのである。だとすれば、クシャトリヤのラージプートの方が上位にランクされて然るべきなのに、それが逆転しているのである。これは説明しだすと長くなるが、マハージャンがジャイナ教徒で厳密な菜食を守っているのに対し、ラージプートは肉食をするので、それだけ穢れた存在として地位が下にされているのではないかと、調査者は説明する。ジャイナ教徒もカースト秩序の中に組みこまれている。

歴史的に見るカースト制度

いろいろの調査によると、インドの農村には、ヒンドゥー教徒主体の村の場合、大体二〇から三〇くらいのジャーティが住みついている。ジャーティは職業と結びついているのであるから、ジャーティの数はほぼ職業の数に一致し、その数が少ないと、村としての生活が成り立たないのである。もっとも、ある職種は隣の村にあればそれで用が足りるということも多いのだが、でも、二〇種くらいはないと不便なのであろう。なお、このスィハーナ村には、ムスリムが三世帯住みついていて、一世帯は雑貨の店を営んでいるという。

以上に見たのがジャーティの実態であるが、村に多くのジャーティが集まって、階層的村社会を形成するようになったのは、いつ頃からであろうか。古代では、都会は別として、農村部では、特殊な職業集団は部族として生活し、部族間、あるいは、部族と農民の間で物なり、サービスなりの交換が行なわれるのが普通であったようである。それがこのように、村、または、村よりもう少し広い地域で自給自足の生活が成り立ち、ジャーティ制度が機能するようになったのは、七世紀から一〇世紀の間のことと考えられている。

七世紀にインドに滞在した玄奘の『大唐西域記』によると、「インドには浄行（バラモン）、王種（クシャトリヤ）、商売（ヴァイシャ）、農人（シュードラ）という四種姓があり、それぞれ全く別個な社会集団となっている」とあるが、ここで注目すべきは、シュードラが農人とされていることである。マウリヤ朝からグプタ朝の時期にかけてガンジス川流域の社会が大きく発展していく過程で、アーリヤ民族と先住民族の間の混血も進み、かつての隷属民シュードラは、農耕民の中核として成長し、新しい農村社会が築かれるようになってきたのである。この変化は恐らくジャーティ制度の成立と関連するものであるが、それは同時に、不可触民制度の出現とも関連したと考えられている。

一一世紀にインドを訪れたガズニ朝の文人アル・ビルーニーは『インド誌』の中で、シュードラの下に最下層として、靴作り、猟師、織布工、屠場職人、その他の人々がい

図24　村でのラージプート女性の集まり。

て、四つのヴァルナに属す人々の住む村や町の外側に住んでいることを述べている。現代でも居住の形態とすれば、不可触民は村の中でなく、そのはずれに住んでいて、ビルーニーの時代にはすでにその形ができあがっていたことが判るのである。

ここで、話をカーストに戻すと、カーストという語が、このジャーティとヴァルナの両方に対して用いられるところに、混乱の原因があったことはすでに記した。ただ、これもすでに記したように、インドでは人のカーストを言うときに、カーヤスタ、ナイルなどとジャーティを言うのが普通なのに、バラモンに対してだけはどういう訳かバラモンと言ってしまうので、そこにも混乱の原因がある。ただし、カースト制度と言うときは、大枠としてのヴァルナに支えられながらジャーティが重要な機能を果たしている社会的身分制度であることに注意しておいていただきたい。その両者が一体となった制度なのである。

カーストの行方

さて、最後に、このカースト制度は現在どうなっていて、これからどうなっていくのかについて述べておこう。カースト制度は、生まれを意味するジャーティ集団が中心になることからも判るように、人間の身分を生まれによって固定してしまい、それも上下の関係があって、上のカーストが下のカーストに奉仕を強要する差別の制度なのである。その差別の実態については、他の章や参考文献によって補って理解していただきたいが、英領期に西洋の平等思想がもたらされると、インド人の間からそのカースト社会を変革していこうとする様々な動きが出てきた。

そして、一九四七年インドが独立すると、カーストに基づく差別は憲法によって禁止されることになった。それまでは、入学願書とか、就職試験の際などにカースト名を書かされていたのであるが、それが禁止されたのである。人々がカーストを話題にしなくなったのも、そのような状況下においてである。したがって、先に挙げたジャーティの四つの特徴のうち、上下のランキングという特徴は今日では消滅しかかっている。では、他の特徴はどうかというと、二番目の職業と結びつくという特徴もほぼ消滅している。すなわち、親の伝統的職業にはなかった工場労働や公務員その他、いろいろの新しい職業が出現し、親の職業を継ぐ意味がなくなったからである。また、経済の発展と共に人々がどんどん都会にでるようになると、四番目に挙げた地域性という特徴も失われることになる。

ところが、なかなか崩れないのが内婚という第一の特徴である。これについては新聞の求婚広告を扱う第4章を参考にしていただきたいが、人々の意識とすると、結婚だけは同じジャーティの中でということになるらしい。崩れる方向にはあるのだが、その変化は遅々としている。となると、ジャーティとしての特徴は失いながら、内婚集団としてのジャーティは存続しているということになる。上下関係、職業との結びつきなどは崩れてしまっているので、ジャーティではないし、それを基礎としたカースト制度は機能を失って

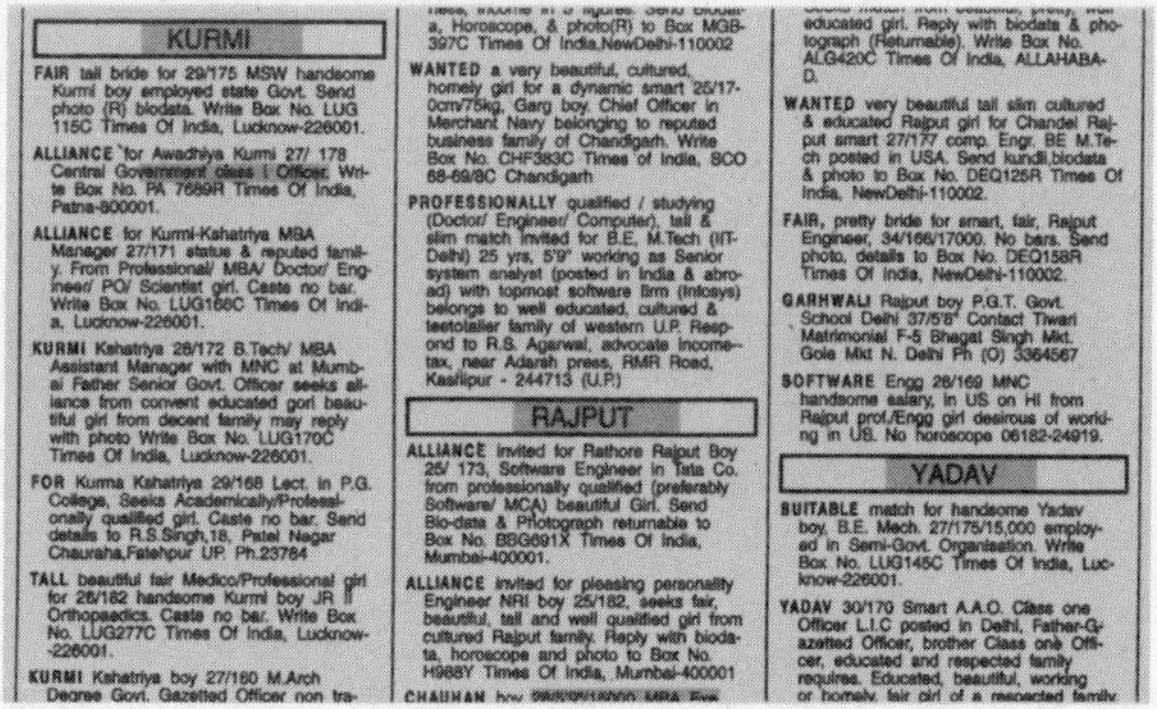

KURMI

FAIR tall bride for 29/175 MSW handsome Kurmi boy employed state Govt. Send photo (R) biodata. Write Box No. LUG 115C Times Of India, Lucknow-226001.

ALLIANCE for Awadhiya Kurmi 27/ 178 Central Government class I Officer. Write Box No. PA 7689R Times Of India, Patna-800001.

ALLIANCE for Kurmi-Kshatriya MBA Manager 27/171 status & reputed family. From Professional/ MBA/ Doctor/ Engineer/ PO/ Scientist girl. Caste no bar. Write Box No. LUG166C Times Of India, Lucknow-226001.

KURMI Kshatriya 28/172 B.Tech/ MBA Assistant Manager with MNC at Mumbai Father Senior Govt. Officer seeks alliance from convent educated gorl beautiful girl from decent family may reply with photo Write Box No. LUG170C Times Of India, Lucknow-226001.

FOR Kurma Kshatriya 29/168 Lect. in P.G. College, Seeks Academically/Professionally qualified girl. Caste no bar. Send details to R.S.Singh,18, Patel Nagar Chauraha,Fatehpur UP. Ph.23784

TALL beautiful fair Medico/Professional girl for 26/182 handsome Kurmi boy JR II Orthopaedics. Caste no bar. Write Box No. LUG277C Times Of India, Lucknow-226001.

KURMI Kshatriya boy 27/160 M.Arch Degree Govt. Gazetted Officer non tra-

a, Horoscope, & photo(R) to Box MGB-397C Times Of India,NewDelhi-110002

WANTED a very beautiful, cultured, homely girl for a dynamic smart 25/170cm/75kg. Garg boy. Chief Officer in Merchant Navy belonging to reputed business family of Chandigarh. Write Box No. CHF383C Times of India, SCO 68-69/8C Chandigarh

PROFESSIONALLY qualified / studying (Doctor/ Engineer/ Computer), tall & slim match invited for B.E, M.Tech (IIT-Delhi) 25 yrs, 5'9" working as Senior system analyst (posted in India & abroad) with topmost software firm (Infosys) belongs to well educated, cultured & teetotaller family of western U.P. Respond to R.S. Agarwal, advocate Income-tax, near Adarsh press, RMR Road, Kashipur - 244713 (U.P.)

RAJPUT

ALLIANCE invited for Rathore Rajput Boy 26/ 173, Software Engineer in Tata Co. from professionally qualified (preferably Software/ MCA) beautiful Girl. Send Bio-data & Photograph returnable to Box No. BBG691X Times Of India, Mumbai-400001.

ALLIANCE invited for pleasing personality Engineer NRI boy 25/182, seeks fair, beautiful, tall and well qualified girl from cultured Rajput family. Reply with biodata, horoscope and photo to Box No. H988Y Times Of India, Mumbai-400001

CHAUHAN boy

educated girl. Reply with biodata & photograph (Returnable). Write Box No. ALG420C Times Of India, ALLAHABAD.

WANTED very beautiful tall slim cultured & educated Rajput girl for Chandel Rajput smart 27/177 comp. Engr. BE M.Tech posted in USA. Send kundli,biodata & photo to Box No. DEQ125R Times Of India, NewDelhi-110002.

FAIR, pretty bride for smart, fair, Rajput Engineer, 34/166/17000. No bars. Send photo, details to Box No. DEQ158R Times Of India, NewDelhi-110002.

GARHWALI Rajput boy P.G.T. Govt. School Delhi 37/5'8" Contact Tiwari Matrimonial F-5 Bhagat Singh Mkt. Gole Mkt N. Delhi Ph (O) 3364567

SOFTWARE Engg 28/169 MNC handsome salary, in US on H1 from Rajput prof./Engg girl desirous of working in US. No horoscope 06182-24919.

YADAV

SUITABLE match for handsome Yadav boy, B.E. Mech. 27/175/15,000 employed in Semi-Govt. Organisation. Write Box No. LUG145C Times Of India, Lucknow-226001.

YADAV 30/170 Smart A.A.O. Class one Officer L.I.C posted in Delhi, Father-Gazetted Officer, brother Class one Officer, educated and respected family requires. Educated, beautiful, working or homely fair girl of a respected family

図25　新聞求婚広告で目につくカースト分類（The Sunday Times）。

しまっているのだが、たくさんの内婚集団が存続するという奇妙な事態が出現しているのである。最近の『ザ・サンデー・タイムズ』の求婚広告欄が、他の項目と混じりながらではあるものの、カーヤスタ、ラージプート、ヤーダヴ、アガルワルなど、カースト別の項目を作っていることは、そのことを如実に示すものと言えよう。

それは言ってみれば、異なったアイデンティティをもつたくさんの集団を中にかかえこんだプルーラル・ソサエティの出現なのである。そして、これらの集団は、容易に想像されるように、選挙を基盤とする政党の格好の標的にされる。その場合には、経済格差が意味をもたされたりしている。

さらに重要なのは、不可触民の場合で、四つのヴァルナの場合には、カーストの差別は崩れたと言いうるが、不可触民に対する「差別」は未だに解消していないようである。第12章で述べるように、各地で四ヴァルナ身分の者（カースト・ヒンドゥー）と、かつての不可触民（アウト・カースト）の間の衝突が起こり、映画の題材としても頻繁に取り上げられている。カースト制度がもたらした問題が消滅してゆくには、まだ、長い道のりが必要のようである。

参考文献

・大岡幸子「ラージャスターン州スィハーナー村にみられるジャーティ関係」『アジア経済』一五～一九（一九七四）アジア経済研究所
・山崎元一『古代インド社会の研究――社会の構造と庶民・下層民』刀水書房、一九九八
・押川文子編『インドの社会経済発展とカースト』アジア経済研究所、一九九四
・辛島昇・奈良康明『インドの顔』（生活の世界歴史5）河出文庫、一九九一
・小谷汪之『不可触民とカースト制度の歴史』明石書店、一九九六

4 新聞の求婚広告——バラモン社会の変動

求婚広告の増加

今回のテーマはインドの新聞に見る求婚広告である。インドでは、大きな新聞の日曜版に結婚の相手を求める広告が載る。地方によって言語の異なるインドでは、全国紙としての大新聞は英字紙なのだが、これには数多くの広告が載る。独立前からあったことはあったのだが、一九六〇年代から次第に数が増えはじめ、現在では毎週大体一面全体がそれで埋められる。多いものでは一〇頁にも及ぶものがある。広告は求める相手と自分の結婚の条件を要領良く述べているので、その内容を分析すると、いろいろのことが分かってくる。ここでは、私が家族で南インドに滞在していたころ、辛島貴子と共同で行なった、一九七〇年の『ザ・ヒンドゥー』紙掲載のものの分析について記すことにしよう。

まず、三例ほど、例をあげてみると、つぎのようである。

1　配偶者を求む。当方三二歳。ヴィシュヴァミトラ・ゴートラのスマールタ（セクト）のバラモン女性。ボンベイ在住の国家公務員。色白で教養あり。四二歳までの男性を望む。返事を乞う。

2　求む、二五歳以下のワダマ（サブ＝セクト）の女性。当方、ケーララの男性。三〇歳。ビハール在住の国家公務員にして月収六〇〇ルピー。サブ＝セクト考慮の用意あり。誕生星と共に返事を乞う。

3　教養ある家庭からの花婿を求む。大学院修了、または同等の学位を持ち、ヴァイシャまたはクシャトリヤ（カースト）の者。当方、テルグ語を話し、菜食、色白、二四歳、理学修士・教育学士の女性。両親は異カースト間結婚。返事を乞う。

カースト別人数	
バラモン	132
クシャトリヤ	2
ヴァイシャ	3
シュードラ	36
指定カースト	1
不明	5

宗教別人数	
ヒンドゥー	179
ムスリム	2
ジャイナ	1
クリスチャン	10
不明	8

図26　求婚広告における宗教とカーストの内訳。

ゴートラやセクト／サブ・セクトなどについての説明は後で行なうとして、当時このような広告が毎週一〇〇例近く載ったので、無作為に二〇〇例を集めて分析したのだが、まず、宗教とカーストについての内訳は、上表のようである。

男女の比率は、男性七五人、女性一二五人で、女性が花婿を求める広告の方がはるかに多い。宗教については、特記すべきこともないが、ヒンドゥー教徒のカーストについては、バラモンの数が、二〇〇人全体の六六パーセント、一七九人のヒンドゥー教徒の七四パーセントと、大変に多い。バラモンの人口比は五パーセント以下であることを考えれば、この数は異常で、そこに何らかの問題があることを示唆している。これについては、後述する。

年齢、教育、職業、容姿、ゴートラ、誕生星

つぎに、年齢、教育、職業、容姿、その他の点についての記述を見てみよう。まず、自分の年齢についてはかなりの者が記しているが、女性のそれは、一八歳から四一歳にわたり、数が多いのは二二歳から三〇歳の者である。男性の場合には、判る年齢が、二五歳から四六歳で、数が多いのは、二五歳から三六歳の間である。一般に、かつてのインド社会では、結婚年齢、とくに女性の年齢が大変に低く、英領期には、一〇歳前後で初潮を見る前に結婚する「幼児婚」が一般の風習であった。それが独立後に徐々に上昇し、この当時、女性の場合、都会では一八歳から二二歳くらいで結婚するのが普通になってきていた。それに比べると、ここで得られたデータはやや高目である。

それと関連して、記しておかなければならないのは、新聞に広告を出すことが、婚期を逸した者のとるいわゆる最後の手段といったような、異常性をもつものかどうかという点である。上述したように、求婚広告の数は、一九六〇年代から増えだし、『ザ・ヒンドゥ

THE SUNDAY
MATRIMON
NEW DELHI
FOR THE BETTER HALF OF YO
BENGALI

図27　ザ・サンデータイムズの求婚広告欄。10ページもある。

ー』の場合、現在では紙面一面、毎週二〇〇例を越える広告が載るようになってきているが、この七〇年代初頭は、広告のもつ意味が変わりはじめた過渡期に当たっていたように思われる。すなわち、最後の手段といった意味から、相手探しに極めて有効な、良い手段といった認識への変化が起こりつつあった時期と言えるように思う。

なぜ六〇年代から増えだしたかといえば、独立後の新しい社会体制と経済の発展によって、社会に流動性が生じたからである。すなわち、それまでのカースト社会では、さほど数の多くないジャーティと呼ばれるサブ・カースト（カーストという語をヴァルナに当てれば、ジャーティはサブ・カーストということになる。第3章を参照）は、極めて狭い特定地域に居住していて、配偶者探しは、もうお互いによく判っているといった、地域社会内の慣習的出来事として処理されていた。それが社会の流動化に伴って、人々がインド各地の都市、場合によっては外国に出ていって、郷里と引き離されてしまうことによって、配偶者探しが難しくなってきたのである。誰とでも結婚できるのならともかく、やはり同じジャーティしか相手にできないとなると、新聞を使ってでも探さなければならなくなってくるのである。一九七〇年は、そういう変わり目の時期に当たっていたように思う。

つぎに、教育について見てみると、男性の方はほとんどが大卒のためか、自分の学歴を記さないのが普通だが、女性の場合は一二五人中七七人が記していて、そのうち大卒四三人、大学院修了一三人と、大卒以上が全女性の四五パーセントに上っている。これはインド全体の状況からすれば、異常に高い数字である。それは、知的伝統を重んじるバラモンがデータの大半を占めることと無関係ではあるまい。

職業については、男性で一番多いのは公務員である。国家公務員の場合には、自分の出身地を離れて、インド各地を回るケースが多いので、上述したように、郷里と引き離されて、相手探しが難しくなるのであろう。つぎに多いのは、高級技術者、医者であるが、かれらの場合も同様に、大都市に出るケースが多いことと関係していよう。女性の出す広告で、どのような職業の男性が望ましいかを記しているものがあるのだが、それによると、一番望まれるのは医者で、高級技術者、公務員がそれに続く。先ほどと順番が逆だが、これは収入の多さが理由となっているものと考えられよう。女性自身の職業としては、五六人が何らかの形で職についていることを記していて、それは全女性の四五パーセントに上り、この数字も七〇年代初頭の数字としては、かなり高い数値である。実際の職としては、公務員一〇、教師五、大学教師四、医者三、銀行員三、などが挙げられる。

容姿について記すのは圧倒的に女性であるが、自分を端麗（good looking）と記すもの三〇、美人（beautiful）とするもの一三の他、背が高い二九、色白三八が目に付く。端麗、美人はもちろん売り込みのプラス条件であるが、背が高いというのは、日本のノミの夫婦と同じく、カップルで男性の背が低いのを嫌うインド社会にあっては、マイナスの条件である。しかし、事実、背が高ければ致し方なく、自分の背丈を具体的に記しているケースも多く見られる。

さて、容姿の中で、一番重要なのは、皮膚の色のようである。色白の方が良いのだが、アメリカのように白人と黒人がはっきり分かれるのと違って、同じ兄弟姉妹でも濃淡が微妙に異なるインドの場合、少しの違いが大きな意味をもつのである。黒くさえなければ、色白（fair）として大きなプラス条件となる。中に二例ほど、黒い（dark）と記している例が見られるが、これは恐らくどうしようもないほど黒いに違いない。その意味で、中間（medium）と記している一例には、苦心の跡がしのばれる。

つぎに、ゴートラというのは通常バラモンの間に見られる外婚集団で、伝統的には八人の聖人にさかのぼり、そこから父系でたどられた集団をいう。実際には二〇くらいのゴー

図28　マイソールのガウダ・カーストの結婚式。左手はバラモン司祭。

トラが存在するのだが、同じゴートラの男女の間では結婚が出来ない。Aゴートラの男性は、Aゴートラの女性とは結婚せず、B、Cといった、別のゴートラの女性を見つけなければならないのである。冒頭の広告で、自分をヴィシュヴァミトラ・ゴートラであると記した女性は、それを記すことによって、他のゴートラの男性を求めているのである。

ヒンドゥー教社会で占星術が日常生活に大きな大きな意味をもっていることはよく知られているが、結婚に際しても、それは重要な条件の一つとなる。返事に誕生星を記してほしいという広告、あるいは、自分の誕生星を記している広告は、それを物語っている。誕生星の数は全体で二七あるが、人は生まれた場所と時間によって、そのどれかの誕生星をもつことになり、それとその天球上の位置が、その人間の運命を左右することになるのである。星にはいろいろの意味が与えられ、星同士の相性が問題にされる。結婚相手に害を与える星というのがあって、それは相手も同じ星をもつことによってのみ相殺され無害となる、といった具合である。このような星に言及する広告は、バラモン中の四二パーセントに上る。

セクト	言語	サブ＝セクト
スマールタ（シヴァ派）	タミル語	ワダマ／ブリハチャラナム／ワーティマ／アスタサハスラム／サンケーティ／他
	テルグ語	ニヨーギ／アルヴェール＝ニヨーギ／ヴァイディーキ／ムルカナードゥ／ヴェラナードゥ／他
	カンナダ語	ホイサラ＝カルナータカ／バッボ＝カンメ／ウリチャ＝カンメ／バダガナードゥ／デーシャスタ／他
	マラヤーラム語	ナンブードゥリ
	コンカニー語	サラスヴァットゥ／他
	トゥル語	スターニカ／ハリカ／他
シュリーヴァイシュナヴァ（ヴィシュヌ派）	タミル語	テンガライ／ワダガライ
	テルグ語	テンガライ／ワダガライ
マドヴァ（ヴィシュヌ派）	カンナダ語	デーシャスタ／カルナータカ／バダガナードゥ／シヴァッリ／アラヴァトッカル／他
	マラーティー語	デーシャスタ
	コンカニー語	ガウダ＝サラスヴァットゥ／他

図29　南インドにおけるバラモン・ヴァルナの組成。

カーストの条件（バラモンの場合）

以上によって、結婚の条件として様々なことが問題にされることが判ったが、最後に、カーストの条件について検討することにしよう。これが一番重要な条件と言い得るであろう。バラモンの場合を分析の対象とするとして、はじめに、南インドのバラモン・カースト（ヴァルナ）全体の組成について記そう。彼らの間では、主としてシヴァ神を崇拝し、八世紀の聖人シャンカラの教えに従う一派があり、その人達はスマールタ（アイヤル）と呼ばれる。それに対して、ヴィシュヌ神を最高神として崇拝する派があり、彼らの中では、一一世紀の聖人ラーマーヌジャに従うシュリーヴァイシュナヴァ派（アイヤンガール）と、一三世紀の聖人マドヴァに従うマドヴァ派の二派がある。図29参照。

広告に現れるバラモンのほとんどは、この三派（三セクト）に属する。ところが、この三セクトは、それぞれがまた地域その他の条件で、内部が幾つものサブ・セクトに分かれる。結婚に際して問題にされるのは、主としてこのセクトとサブ・セクトである。冒頭の広告で、スマールタのバラモン女性とあったのは、このセクトに属することが応募の条件になったのであり、ワダマの女性とあったのは、スマールタ・セクトの中のワダマ・サブセクトの女性が求められたのである。広告を出す人間が、相手探しをセクトのところでするのか、それより狭いサブ・セクトのところでするのかの違いである。もちろん、それ以外のケースもありうる。

まず、言語の問題だが、セクトが一つの言語領域（州に相当）を越えて広がっているのに対し、通常サブ・セクトは一つの言語領域内に存在する。したがって、セクトとサブ・セクトの間に、タミル語、テルグ語といった言語領域を設定することが可能で、広告の中には実際に、スマールタ・バラモンの中のタミル語を話す人を求めるといったケースも、少数存在する。それとは別に、タミル語を話すバラモン、といった規定のし方もあり、その場合は、タミル語を話せば、スマールタ・セクトでも、シュリーヴァイシュナヴァ・セクトでもかまわないということになるのである。そのような例も、少数見られる。

ここで一つ疑問になるのは、例えば、自分をワダマというように、自分のサブ・セクトを書いている人間が、相手にも同じサブ・セクトを求めているのか、そうでなければ相手にしないのかどうかである。これは、バラモンの友人に聞くと、異口同音にそうだという。そう言えば、確かに、自分をワダマと書きながら、相手について、「サブ・セクトに拘泥せず」(sub sect no bar)と記している広告が存在する。その場合は、自分はワダマだが、相手はサブ・セクトが違ってもかまわないと、わざわざ但し書きをしているのである。ただし、その場合も、バラモンの友人によると、枠はセクトのところにあって、ワダマの属するスマールタ・セクトの枠を超えることはないのだそうである。

相手探しの小さな枠

さて、ここでバラモンたちが相手探しの枠をどこに設定しているか、それを見てみよう。

1　一番小さな枠は、ワダマのようなサブ・セクトであり、ここに設定する者は、一三二人中の七一人、すなわち、バラモンの五四パーセント(過半数!)である。

2　つぎは、サブ・セクトよりは広げるが、セクトまでは広げずに、セクト内部の言語のところに枠を設ける者が、一三人で、一〇パーセントである。

3　セクトを枠とする者、三三人、二五パーセント。

4　セクトを超える言語のところ、つまり、タミル語を話すバラモンといった枠を設定する者、四人で三パーセント。

5　バラモン内部の枠は一切とり払って、バラモンであればよいとする者、六人、四パーセント。

6　もうバラモンに拘泥せず、どのカーストの者でもよいとする者（caste no bar）、四人、三パーセントである。

さて、以上の結果をどう読みとるかは、少々難しい。しかし、驚くべきことは、サブ・セクトという小さい枠に拘泥する者が過半数であり、また、セクトのところまでに範囲を限定している者、すなわち、1、2、3の合計は八九パーセントに上り、つまり、バラモンの九割が、その内部のセクト枠の中でしか結婚しないことである。これが、一昔前なら、つまり五〇年、一〇〇年前ならば、サブ・セクトの枠での結婚式がほとんど一〇〇パーセントだったというのは、バラモンの友人たちの一致する見解であり、現在ではいろいろの事情でそれが難しくなってきて、枠をセクトのところまで広げるようになったのだという。バラモン・ヴァルナの場合は、このセクト、あるいはサブ・セクトが、他のヴァルナのジャーティに当たるのだということが出来るが、その枠は未だ強固に守られていると言えよう。

ここで、バラモンの結婚を難しくしている事情について少々見ておこう。まず、経済的問題である。過去のインド社会においてバラモンは、最高位のカーストとして君臨し、また、クシャトリヤ・カーストの王族と結託して、彼らの支配をイデオロギー的に支える代わりに、村落その他を与えられ、経済的にも地主として豊かな生活を送ってきていた。ところが、英領期には保護者であった王族が姿を消し、社会変動によって、土地を手放して没落するものも出てきた。それに加えて、西洋的平等思想が力を得るにしたがって、他のカーストを見下し、その奉仕を強要してきたバラモン階層への風当たりが強くなってきた。

一九二〇年代には、第2章に記したように、バラモンの社会的優位とその支配を覆そうとする非バラモン諸カーストによる「非バラモン運動」が力をもち始め、独立前後からは、ドラヴィダ運動という形でバラモンに対する圧迫が強まっていた。その結果、バラモンたちの多くが郷里を離れ、その知的伝統を生かして高級官僚、医者、技術者などとなって、大都市や外国に出ていっているのである。その反映がこの広告に見られるように思うのである。

ただ、ここで考えなければならないのは、そのバラモンたちが、都会の誰とでも、心をときめかせた相手と自由に結婚できるのなら、何も問題は起きないのである。しかし、現実には、相手もワダマでなければ、ゴートラが違わなければ、誕生星が合わなければ、色が白くてきれいな人でなければ、などと言い出したらどうなるのだろうか。二、三代前に都会に出てきてしまっている場合、いくら狭いサブ・セクトの中といっても、郷里のつてで探すのはむずかしい。結局は、新聞で、ということになってくるのである。

二〇年後の変化

最後に、一九九〇年代になって、以上に分析した傾向がどう変化したのか、辛島貴子が行なった研究があるので、それを付け加えておこう。前回から二二年経った一九九二年のデータで、新聞も同じ『ザ・ヒンドゥー』であるが、用例の数はぐっと増やされて、八〇六例の分析である。まず、注目すべき違いは、男女の比率の逆転である。すなわち、男性からの広告が四三一、女性からが三七五で、これは前回と異なって、男性の結婚難の様相を呈している。日本でも最近は男性の方が弱い立場に置かれるようになってきているが、同様の現象かどうか即断は難しい。男性の方が外国へ出るケースが多く、そのような事情の反映かとも思われるが、注目される。

女性の大卒の率が七七パーセントに上昇しているのは、教育の普及としてうなずけるが、不思議なのは、ゴートラに言及する者が七三パーセントから八一パーセントに、誕生星への言及も、四二パーセントから五二パーセントに上昇していることである。本来なら減少して然るべきこれらの数字が上昇していることを、辛島貴子は、広告のパターン化現象と捉えている。すなわち、求婚広告が一般化してくるにつれて、一つの標準的な項目パターンができ上がり、自分はそれをとくに問題にするわけではないのだが、皆が記すし、相手がそれにこだわるかもしれないから、書いておこうという意味での標準パターン化である。この指摘は面白い。

今回のデータでは、バラモンの占める割合は多少減少しているのであるが（全体中の六六パーセントから五六パーセント、ヒンドゥー教徒中の七四パーセントから六三パーセントへ）、拘泥するセクト、サブ・セクトの枠の変化は微妙である。すなわち、サブ・セクトに枠を設定する者は四八パーセント、セクトに設定する者が三八パーセントで、両方合わせて八六パーセントとなっている。前回はそれが八九パーセントであったから、全体とすると大きな変化はないものの、サブ・セクトからセクトへと枠を広げる者の数が増えたということであろうか。ただ、この数の中にも先述のパターン化現象が見られるのかどうか、そこが問題であろう。

ただ、注目されるのは、少数ではあるものの、前回にはほとんど見られなかった相手の性格についての言及が散見されることで、「性格を重視する」「独立心を持った女性を」「ユーモアのセンスを持った人を」などという表現が存在する。また、法律では禁止されているものの、実際には行なわれてきた女性側から男性側に対して支払われるダウリ（贈与金）について、「ダウリ持参せず」「ダウリ不要」といった文面が少数ではあるが見られるようになったことも、一つの変化である。遅々たる歩みではあるにしても、インドの社

図30　伝統的、家庭的女性をよしとする女性誌Woman's eraの表紙。

図31　新しい女性を表現する女性誌FEMINAの表紙。

会も変化しつつあるのである。

しかし、最近の北インドの大新聞『タイムズ・オブ・インディア』日曜版の求婚広告欄を見ると、それが一〇ページ以上に上っているのにも驚かされるが、それより注目されるのは、他の項目と並んでではあるが、広告が、カーヤスタ、ラージプート、ヤーダヴ、アガルワルなどと、カースト別にまとめられていることである。この問題については、カーストを解説した第3章を参照していただきたいが、内婚集団としてのカーストが、新しい意味をもたされるような状況もまた見られるのである。

参考文献

・辛島昇・辛島貴子「インドの新聞にみる求婚広告――苦悩するバラモン」『季刊人類学』四―

一、一九七三
・福永正明「新聞の求婚広告における北インド社会」『季刊人類学』一一―一、一九八〇
・辛島貴子「求婚広告二〇年の変化」辛島昇編『ドラヴィダの世界』東京大学出版会、一九九四
・辛島昇「マドラス市の電話帳にみるカースト意識の変」『異文化の出会いとイメージ』（大正大学文学部国際文化学科共同研究）大正大学、一九九六

5 インダス文字の謎——コンピューターによる解読

インダス文明

この章では、インダス文字解読の問題を取り上げよう。インダス文字は、未だに解読されていない世界の文字の中では、恐らく最も重要なものであろう。文字が刻まれている遺物の主なものは凍石製の印章で、そのハラッパー遺跡からの発見は一九世紀にさかのぼるが、それが脚光を浴びるようになったのは、一九二〇年代のモエンジョ・ダーロの発掘によって、インダス文明（ハラッパー文化とも表現される）がインド亜大陸に独自の古代文明であることが認識されるようになってからのことである。しかし、それから今日に至るまでの八〇年の月日の間に、インダス文明自体の研究は大きな進展を見せているにもかかわらず、その文字は未だに解読されていないのである。

インダス文明は基本的に都市文明であり、その一〇〇〇を超える居住遺跡の広がりはインダス川中・下流域を中心に一〇〇万平方キロメートルの広さに及び、年代的には、研究者によって多少の差があるものの、ほぼ紀元前二六〇〇年から前一八〇〇年の間に位置づ

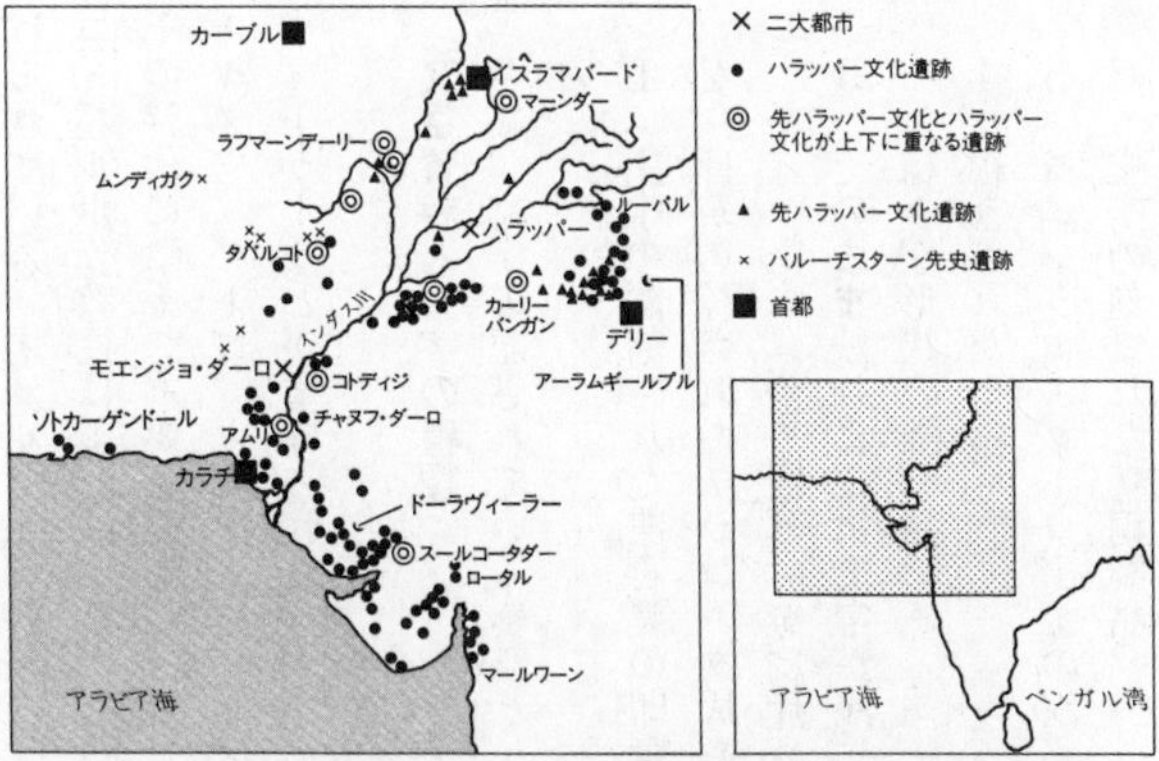

図32　インダス文明遺跡分布図。

図33　モエンジョ・ダーロの沐浴場跡。

けられている。インダス文字の研究に大きな役割を果たしているヘルシンキ大学のアスコ・パルポラ教授によれば、その成熟期は、前二五五〇年から前一九〇〇年の間とされる。その時代に栄えた重要な遺跡として、二大都市モエンジョ・ダーロ、ハラッパーの他に、チャヌフ・ダーロ、カーリーバンガン、ロータル、さらに、近年注目を集めているドーラヴィーラーなどが挙げられる。

文字資料と文字の種類

さて、文字の記されている資料としては、つぎのようなものがある。

1 文字の陰刻された凍石製の印章。
2 印章の捺されたテラコッタ片や土器、あるいは鋳型から作られたテラコッタ、ファイアンス（彩色陶器）、金属片。
3 そのまま読むように文字が浅く刻まれた凍石、テラコッタ、ファイアンスなどで、様々な形状の細小品。
4 線刻された土器。
5 モエンジョ・ダーロ出土の銅小板で、通常片面に文字、片面に図案の刻まれたもの。
6 文字の刻まれた青銅製品。

7 文字の刻まれた象牙・獣骨。
8 その他。

これらの遺物全体の数は、今日では五〇〇〇近くに上る。しかし、その内の三五〇〇以上はモエンジョ・ダーロ、ハラッパー両都市からの出土で、約三〇〇はロータルとカーリーバンガンの出土である。メソポタミアなど、インド亜大陸外の出土品も存在する。

それらの遺物に記された文字史料のうち最も長文のものは、ファイアンス製の三角柱の三面に刻まれたもので、合計で二六字を数える。一面に刻まれたものの最も長いものは、四角い印章に三行にわたって記された一七字、一行で最長のものは一四字である。最短の文字資料は一字のもので、全体を平均すると、文字資料の平均字数は五字ということになる。

図34　印章２点。

もっとも、この文字数は、どれを一つの文字（字母）と考えるかによって異なってくる。すなわち、どれを独立の字母とし、どれをそれらの合字（併せ字）とするかによって異なることになる。また、全体の字母の数は、似たようなもののうち、どれを同じ字母の異字

図35　ドーラヴィーラーで地中から発見された10文字。木製看板にはめ込まれていたものが残ったらしい。1文字の大きさは縦30cm横20cmほど。

体とし、どれを独立した字母とするかによって異なることになる。パルポラ教授は字母数を三八五とし、同じく著名な研究者であるマハーデーヴァン氏は四一七としている。例えば、一〇〇以下のように、もっと少なく考える研究者もいないではないが、研究に大きな成果を上げているロシアの研究者（代表はクノロゾフ教授）も三〇〇以上の字母を数えており、近年主流の考えは、四〇〇近い字母があるとするものである。

かりに字母が三〇〇〜四〇〇とすると、それだけの数をもつ文字の種類はどのようなものと考えられるであろうか。問題は、表意文字か表音文字かということになるのであるが、三〇〇〜四〇〇という数は、表意文字にしては少なく、表音文字にしては多すぎる。表意文字である漢字が何千とあるのは誰でも知っているし、表意文字であるアルファベットは二六字、カナにしても五〇字である。したがって、インダス文字は多くの研究者によって、表意・表音文字（ロゴ・シラビック）文字と考えられている。すなわち、表意文字の段階から、すでに幾つかの文字は表音文字として使われだした、表音文字への変化が進行中の過渡的な段階にあるものとされる。

つぎに、文字を書いていくのが右からか、左からかという、書く方向については、幾つかの理由から、右からと考えられている。考古学者のB・B・ラール博士は、柔らかい粘土の上にヘラで刻まれた文字が重なり合った際の粘土の盛り上がり方から、その結論を導きだしている。パルポラ教授がその決定的証拠としてあげるのは、四角い印章の三辺に沿ってつづけて文字の刻まれたものである。詳細は写真に譲るが、その場合には、書き手、

図36　柔らかい粘土にヘラでつけられた線の重なりも、右からの書き順を示唆する。

図37　印章の捺されたもので、右から書くことの証明になる。

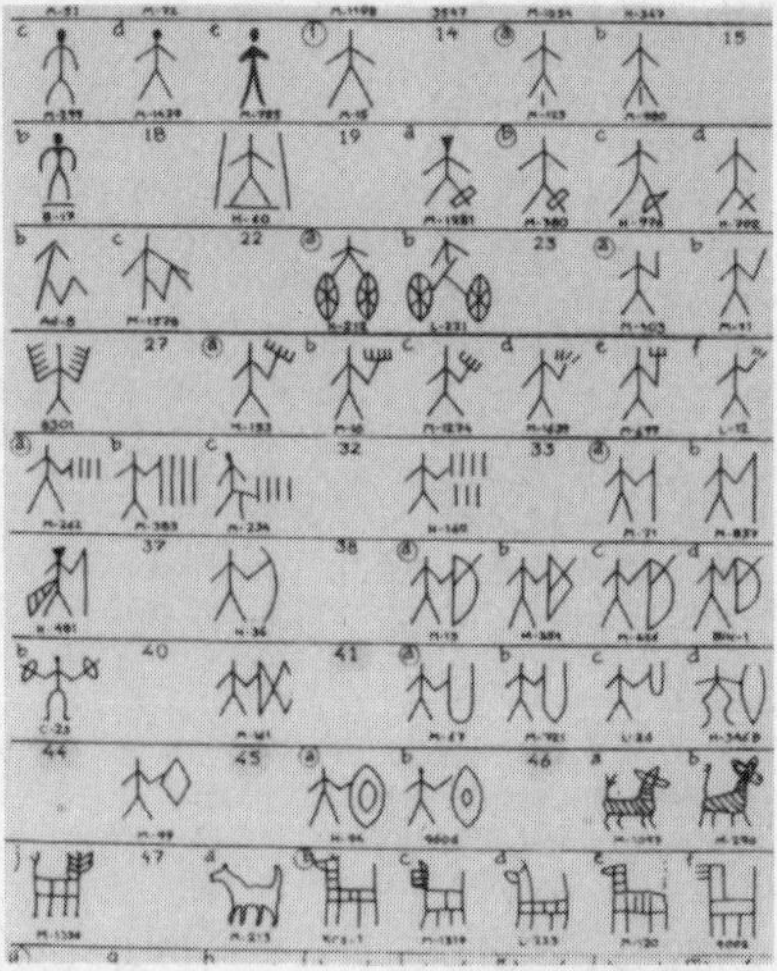

図38　インダス文字。パルポラ教授作成の表の一部。

読み手の心理から、右からという方向に疑いの余地はない。ただし、犂耕式と呼ばれ、牛が畑を耕すときのように、行によって左右が交代する書き方も見られるとされる。

初期の解読者たち

さて、このようなインダス文字解読の試みは、一九二〇年代以降多くの研究者によってなされてきた。その解読作業に一つの大きな転換が訪れたのは一九六〇年代末であるが、それ以前のいわゆる初期の代表的研究者を三名ほど挙げると、ハンター、フロズニー、ヘラスということになろう。一九二〇年代末に研究を行なったハンターは、厳密な分析を試みた最初の研究者で、各文字の動きに注目し、単語の範囲確定をも行なっている。エジプト、シュメール、エラムなどの諸古代文字との関係に注目し、言語はドラヴィダ語であると考えたが、インダス文字は後代インドのブラーフミー文字の基になったとした。

フロズニーはヒッタイト文字の解読に大きな貢献をしているが、一九三〇年代末にその成果をインダス文字研究に適用し、アーリヤ語としての解読を試みた。ヘラスはドラヴィダ語としての本格的解読を目指した最初の研究者で、同音異義語の存在とその重要性の指摘、それと関連した「判じ絵」を解く要領の適用など、後述するロシアとフィンランドの研究者に与えた影響が少なくない。これら初期の研究者の時代には、インダス文明全体の研究も端緒がつけられたばかりで、遺物の数も極めて限られていたが、彼らはそれぞれに成果を上げて、後の研究に道を切り開いている。

コンピューター利用の解読作業

研究の転機は一九六〇年代におけるコンピューターの使用によってもたらされた。クノロゾフ教授をリーダーとするソヴィエト（ロシア）・チームの研究は一九六四年に開始され、六五年から八一年にかけて六つの報告書が出版されている。彼らは全ての文字資料を切れ目なくコンピューターに入力し、インタヴァル・スタティスティックスという統計分析の手法を用いてそれを解析し、資料を一文字から五文字のブロックに分断する。多くの場合、ブロックは個々の刻文、あるいは、その部分と符合するのだが、そのブロックにおける文字の行動によって、彼らはその中に、不変部分、可変部分、準可変部分の三つの部分の存在を指摘する。不変部分と可変部分はそれぞれ形態素（語）および接尾辞（格語尾）に相当し、準可変部分は、修飾語、あるいは、形態素と接尾辞をつなぐ「つなぎ」部分に相当するとした。そこから彼らは、この文字によって記される言語は、つぎの五つの文法的特徴をもつと考えた。

1　文中の語順は一定である。
2　修飾語は被修飾語に先行する。
3　名詞の前におかれる名詞は形容詞として機能し、接尾辞を必要としない。
4　名詞と結合する数詞は複数語尾を必要としない。
5　接尾辞のみが用いられ、接頭辞、挿入辞は用いられない。

これらの文法的特徴に合致する言語として、彼らはドラヴィダ語を挙げる。他に候補として挙げられる諸言語のうち、インド・アーリヤ語、ムンダー語は、接頭辞、挿入辞の使用によって否定され、シュメル語、フルリ語、エラム語など西アジア諸言語の場合は、修飾語が後置されることによって否定されるのである。

以上は、インダス文字によって表されている言語の特定であるが、彼らはさらにその先で、個々の文字の意味と音価の特定を行っている。その過程では、判じ絵解きの手法

図39　文字のある彩色陶小板。ひざまずいた人間が、右端の樹木に向かって何かを捧げている。刻文中央には、壷と思われるその物体が文字として書かれている。

(rebus method) が応用され、例えば、しばしばブロック末尾に来る  は、菩提樹を表し、菩提樹の種類の一つがドラヴィダ諸語で、ati/atti であることから、それはドラヴィダ祖語の「斜格」(ti/atti) に相当するという。因みに、タミル語の斜格は attu、テルグ語のそれは ti である。なお、彼らは、同様に頻繁にブロックの末尾に来る  を与格(目的格)と解釈し、 を、ヘラスと同様に、「魚」(mīn) の同音異義語に「星」(mīn) があることから「星」を表すものとしている。また、彼らは、個々の文字の解釈をもとに、当時の神の観念や神話の分析をも試みている。

つぎに、パルポラ教授をリーダーとするフィンランドの研究者たちは、一九六九年に最初の短い報告書をだして以来、コンピューター利用の研究を精力的に続けている。彼らは、まず文字資料の徹底的収集、それによる字母の研究、コンコーダンスの作成に多大の精力を注ぎながら研究を進めている。ただし、彼らの文字の現れ方についての研究はソヴィエトの研究者と異なり、遺物の刻文を単位とする研究で、その中における文字の

図40　印章。北斗七星、あるいは、その神を表すものとされる。

行動分析にコンピューターを用いる。彼らもまず、文末にくる文字としてとが多く、かつその二つが決して一緒の組み合わせとならないことに注目し、それを手掛かりに、ソヴィエト・チームのいう不変部分、可変部分に相当する「語」と「格語尾」を探り当て、文の切れ目と、文の文法的構造を明らかにしようと努める。

彼らは、はじめからインダス文字の言語はドラヴィダ語である可能性が一番高いものとして作業を進めているのだが、結果的にソヴィエト・チームと同様に、

1　接尾辞だけが使用されている。

2　修飾語が被修飾語の前におかれる。

という特徴に基づき、彼らもまた、その言語をドラヴィダ語であるとしている。

ただし、彼らはソヴィエト・チームと異なって、を属格（所有格）、を与格（目的格）とし、を複数語尾、を女性語尾と解釈している。彼らもまた、「判じ絵」解きの手法を多用して個々の文字を解釈していて、ソヴィエト・チームと同様に星の

重要性を中心に据え、インダス文明の神々と後代ヒンドゥー教の神々を結びつけようとしている。

今一人、主としてコンコーダンスの作成においてではあるが、やはりコンピューターを用いて研究を進めているのは、インドのタミル古代文字の研究者マハーデーヴァン氏である。彼もまたドラヴィダ語を前提としながら、分析方法としては、パラレリズム（状況比較）の手法により解読に取り組んでいる。つまり、インダス文字が用いられた状況に一番近い状況で用いられたドラヴィダ語資料を手掛かりに、いろいろの推定を試みている。例えばソヴィエト・チームは、印章に書かれた文字は所有者の名を表すとして、頻繁に文末にくる文字を所有を示す斜格語尾ととり、フィンランド・チームはそれを属格（所有格）ととるのであるが、彼は、似た状況で書かれるタミル語刻文の場合、それが主格であることから、男性単数の人名の最後に付けられる最も一般的な人称語尾であるとするのである。

その他、アッシリア学者のウイルソン教授は、シュメル文明とインダス文明の類似性に注目し、シュメル文字とインダス文字を同一の文字から分化したものとして解釈し、インドの考古学者S・R・ラオ博士は、他の研究者が三〇〇以上あると考える字母を、多くは、二つ以上の字母が合体したもの、あるいは、補助記号の付いたものとして、インダス文明の最終段階では、表音文字化が進行して二〇近くにまで減少したという特異な説を展開している。言語はアーリヤ語として解釈している。

言語の比定と今後の研究

以上のように、インダス文字によって書かれた言語がドラヴィダ語であるという考えには、必ずしもすべての研究者が同意しているわけではない。インダス文字解読について自ら行司役を買ってでているドラヴィダ言語学者ズヴェレビル教授も、ドラヴィダ語の蓋然性が高いとしながらも、同様の文法的特徴をもつアルタイ系言語の可能性も排除できないとして、慎重な姿勢を見せている。また、ヴェーダ研究者の間にも、アーリヤ語におけるドラヴィダ語からの借用語の少なさの問題と関連して反対する者があるが、ソヴィエト・フィンランド両チームの分析結果とインド亜大陸における歴史的状況を考えれば、ドラヴィダ語であるとする解釈は最も蓋然性の高いもののように思われる。

ところで、文字そのものの形態に関連していえば、まず、シュメル文明とインダス文明との間に交流があったことは、考古学的遺物を含む種々の資料によって確実であり、シュメル文字との間にも一定の類似が見られる。しかし、それはあくまで部分的な類似にとどまり、シュメル文字を基にインダス文字が作られたとする考えを、多くの研究者は否定している。また、後代のブラーフミー文字との間にも、さらに、南インドの巨石文化遺跡から出土する土器のグラフィティ(線刻)との間にも、多少の類似が見られる。しかし、その類似も恐らくは偶発的なものであり、それらがインダス文字に由来するという考えにも、多くの研究者は否定的である。影響関係の想定について、研究者の間で余り拒否反応の見られない唯一の文字は、古代エラム文字であろう。ただし、エラム文字の方がインダス文字より数百年古いので、両者を直接に結び付けることはできないが、パルポラ教授は、シュメル文字がインダス文字に影響を与えたのと同様に、資料の今日に残っていない同時代のエラム文字が影響を及ぼした可能性が高いとしている。なお、言語学的に、ドラヴィダ祖語と古代エラム語との間に親縁関係を認める説も見られ、ズヴェレビル教授は、古代におけるエラモ・ドラヴィダ語といった一つの言語グループの存在をも示唆している。エラム語の研究は、今後のインダス文字研究の進展に一つの鍵を与えるものであろう。

言語の問題を離れて、個々の字母に一定の意味と音価を与えて刻文を解釈する、いわゆる解読については、残念ながら、近年のコンピューターを用いての研究によっても、さほどの進展が見られていない。多くの研究者が用いている、同音異義語の存在を手掛かりとした「判じ物」解きの手法についても、その多用には疑問が提出され、また、個々のケースについて、それを証明する手立てがないところにも問題が存在する。

解読をそのように難しくしているのは、（1）文字資料がすべて短文であって、恐らく動詞を含む文章の体をなしていないこと、（2）他の既知の文字とのバイリンガル資料の存在しないこと、（3）文字の使用された年代が比較的短く、音声文字に変化する過程で得られる手掛かりが殆どないことなど、マイナス要因が多くそろっていることで、解読が果たして可能かどうか、あるいは、それにどのくらいの年月がさらに必要なのか、見通しは必ずしも明るくない。そのような状況下で唯一の明るい材料は、ここのところ文学資料の収集と図録やコンコーダンスの出版など、研究条件の整備が急速に進んできていることであろう。

パルポラ教授の変化

なお、映像教材作成に関連して、筆者は最近パルポラ教授と、以上の問題について直接議論する機会に恵まれたが、教授の見解は近年少々変化してきているようである。従来もフィンランド・チームの報告書では、文字の行動パターンについてのコンピューターによる分析結果がソヴィエト・チームのように数式を伴った明確な形では提示されていなかった。教授の近年の関心は、コンピューター分析よりも、判じ絵解き手法による推論の方に大きく傾いてきているようであり、種々の点で、かつての論述より、慎重な見解を表明している。

かつて、ソヴィエト・チームと同様に、インダス文字で書かれた言語では、「接尾辞だけが使用されている」としていた点についても、最終的に自分の見方は変わらないが、接頭辞の使用を完全に否定することは難しいという。また、かつて、属格（所有格）であるとしていたを、二文字の間に入るときはそれもありうるが、文末にくる場合は、斜格、主格、あるいは、人称語尾であるとも解釈できるといい、その限りにおいては、マハーデーヴァン氏に近い見解を示すようになっている。しかし、インダス文字で書かれた言語がドラヴィダ語であるという見解は変わらず、種々の傍証によってそれを強化しようとしているようである。

参考文献

・A. R. K. Zide and K. V. Zvelebil (eds.), *The Soviet Decipherment of the Indus Valley Script*, Mouton, The Hague, 1976

・辛島昇・桑山正進・小西正捷・山崎元一『インダス文明――インド文化の源流をなすもの』NHKブックス、日本放送出版協会、一九八〇

・Asko Parpola, *Deciphering the Indus Script*, Cambridge University Press, Cambridge, 1994

・Gregory L. Possehl, *Indus Age: The Writing System*, Oxford & IBH Publishing Co., New Delhi, 1996

・Jonathan Mark Kenoyer, *Ancient Cities of the Indus Valley Civilization*, Oxford University Press, Karachi, 1998

6　石造ヒンドゥー寺院壁の刻文――王朝史・社会史を解く

史書なきインドの歴史

ヴェーダ学の世界的権威であった辻直四郎博士は、「史書なき印度の歴史」という論文の中で、インドにおける刻文研究の重要性を説かれている。ここでいう刻文とは、普通には碑文といわれるものであるが、インドの場合には、碑に刻むだけでなく、石造寺院の壁面に刻んだり、銅板に刻んだりすることが多いので、刻文という言葉を用いる。さて、辻博士の言われるように、インドには、日本や中国に見られるような編纂された「史書」がなく、それが歴史研究を困難なものとしている。

中国の場合には、司馬遷の『史記』に始まり、明朝に至る歴代王朝の歴史が正史として編纂され、今日に残されている。唐代以降は国家の事業として遂行されてきたのであるが、編年体による王の統治記録の他、行政制度、社会経済の状況その他、重要人物の伝記に至るまで、詳細な記録が残されている。したがって、歴史研究に際しては、ともかくこの正史を紐解くことによって、ことの概要をつかむことができるのである。その他に、木竹簡や、地方誌など、豊富な史料があって、さらに詳細な研究を助けてくれる。

ところが、インドには、歴史観の相違もあって、ごくわずかな例外を除いて、そのような形での「史書」が存在しない。したがって、古代にどのような王朝があって、どのような王が統治したかを知ろうにも、史書を紐解いて、というわけにいかない。そこで意味をもつのが、刻文である。もちろん、インドには古代から伝わる豊富な宗教文献があり、それと並んで、文学作品も全く史実を伝えないわけではない。しかし、それらの殆どは成立年代がはっきりせず、書かれた内容も史実かどうか判らず、年代が判る確実な史料となると、刻文なのである。

アショーカ王の刻文

さて、数の上で言えば、インドの刻文の主力は南インドの石造ヒンドゥー寺院壁面に残るものであるが、歴史学と刻文学の両方に大きな意味をもつ例として、まず、アショーカ王の刻文を取り上げてみよう。「アショーカ王の」と言われてすぐに頭に浮かぶのは、大きな石柱に刻まれた刻文で、ふつう石柱法勅（詔勅）と呼ばれる。ガンジス川流域に多く残り、サールナートのものは、倒れて幾つかに分断されているが、その柱頭には、四頭の獅子の像があり、それはインド共和国の国章とされている。

石柱でないものの殆どは、摩崖法勅（詔勅）と呼ばれるものである。摩崖というと、切

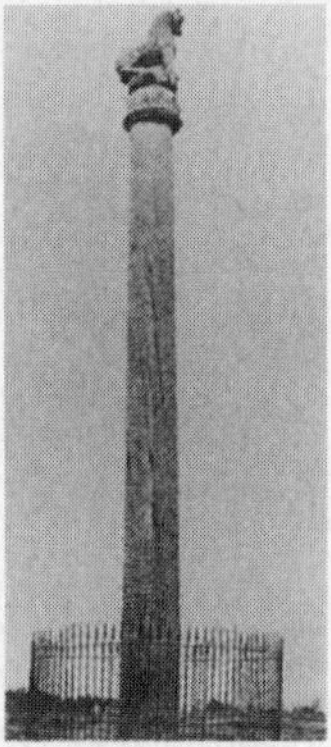
図41　ラウリヤー・ナンダンガリのアショーカ王石柱。

図42　南インドのマスキにあるアショーカ王小摩崖法勅。

り立った崖の表面に刻まれているように想像してしまうが、実は殆どは山腹に転がる大きな岩の比較的平らな表面に刻まれたものなのである。法勅というのは、王の詔勅ではあるが、内容が、王の理想とする法（ダルマ）を説くものであるためである。アショーカ王は紀元前三世紀のマウリヤ朝の王であるが、刻文を今日に残した王としては最古の王であり、その刻文も、自己の統治の理念を記すなど、大変にユニークである。さらに、四〇を越えるそれらの刻文の分布は、アフガニスタンからガンジス川中流域、さらに南インドのデカン高原に及び、その分布がマウリヤ朝の支配の広がりを示すなど、アショーカ王の刻文は、インド古代史の研究にはかり知れない重要性をもつもの

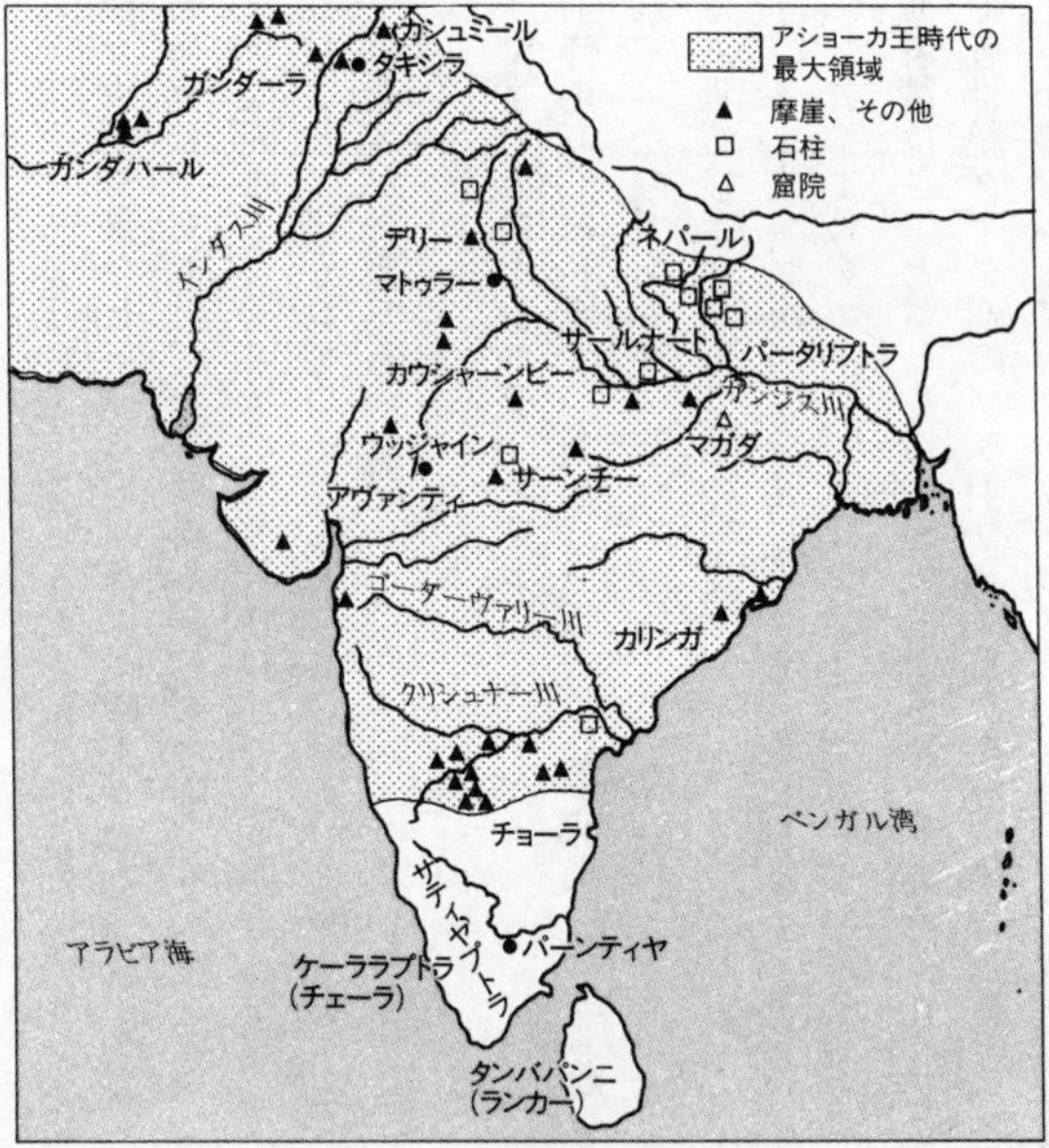

図43　アショーカ王の刻文分布図。

である。

それと同時に、アショーカ王の刻文は、インドにおける刻文研究、すなわち刻文学の成立に極めて重要な役割を果たしている。一八世紀にインドを統治し始めたイギリス人は、インド古代史の研究に手をつけ、その関連で、刻文の解読をも試みた。刻文は古代にその時代の文字によって刻まれているので、普通には読むことができず、何が書かれているかはおろか、何語によって書かれているかも判らない。それが読まれるようになるには、解読という長いプロセスが必要であった。

ブラーフミー文字とカローシュティー文字

アショーカ王時代のインドでは、カローシュティー文字と、ブラーフミー文字の二つの文字が使用されていたのであるが、それらもはじめから解読されたわけではなく、最初に解読されたのは九世紀後半のパーラ王の刻文であった。文字の歴史からすると、パーラ王の刻文はブラーフミー文字が次第に発展して八世紀にナーガリー文字になった後のものであり、ナーガリー文字は、多少の変化はあったものの、その後今日まで用いられている文字なので、その解読はさほど難しくなかったのである。その後一八三〇年代に入って、プリンセプの手で五世紀グプタ朝のブラーフミー文字が解読され、続けて同じくプリンセプの手で、時代をさかのぼったアショーカ王のブラーフミー文字刻文が解読されたのである。

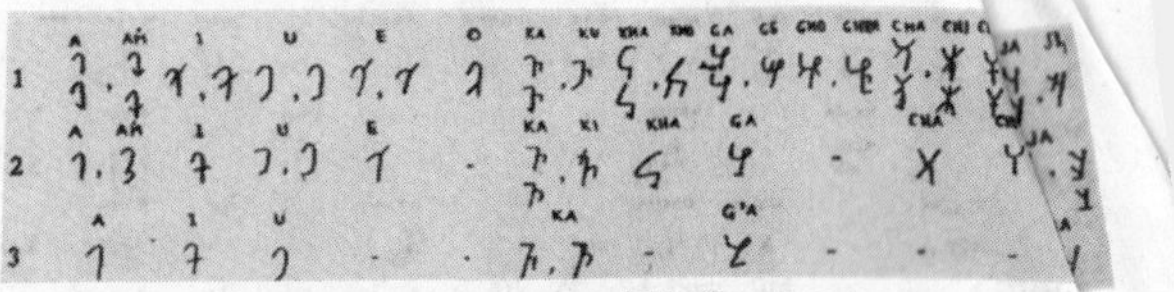

図44　カローシュティー文字（Daniによる）。

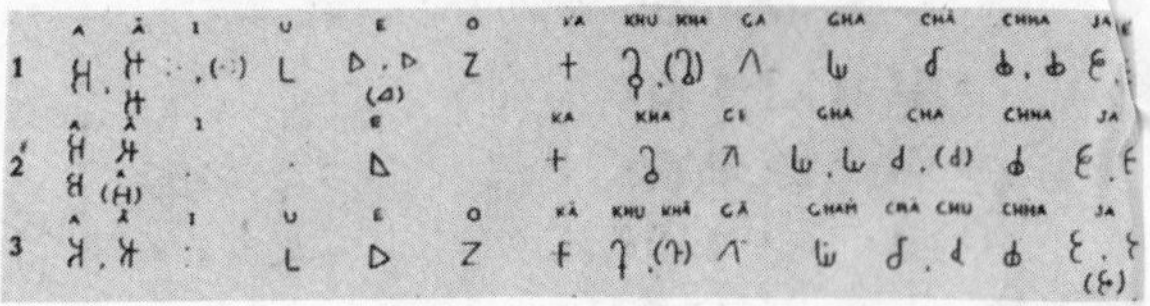

図45　ブラーフミー文字（Daniによる）。

実は、このブラーフミー文字は、紀元前六、五世紀のころから用いられはじめたと推定されるのだが、その後次第に変化して、インド各地、さらには、東南アジアにまで伝播して用いられ、さらに発展して、それぞれの地で今日の文字となっているのである。北インドでは、先述のように、八世紀ころナーガリー文字へと変化し、それが今日ヒンディー語その他の言語を書くのに用いられ、南インドでは、早くからタミル文字を成立させ、その他の文字の基ともなっている。東南アジアのビルマ文字、タイ文字、バリ文字、その他も、ブラーフミー文字の流れを汲むものなのである。

一方、カローシュティー文字の方は、主として紀元前後の西北インドで用いられ、中央アジアにも伝わったが、インドではグプタ朝期にブラーフミー文字に取って代わられてしまう。その解読もプリンセプによってなされたが、貨幣に一面がカローシュテイー文字、他面がギリシア文字で書かれたものがあり、その解読は比較的容易であった。解読におけるプリンセプの功績は実に大きいが、その後、インドの文字の発展を概観し、インド刻文学、あるいは、古文字学の基礎を作ったのは、ビューラーであった。ただ、ビューラーが、北セム系のアラム文字がカローシュティー・ブラーフミー両文字の基となったとしたのには反対も多く、ブラーフミー文字の方はインドで独自に生み出されたか、徹底的に改変されたのであろう。

チョーラ朝期のタミル語刻文

さて、刻文学成立の話はこれくらいにして、史料としての刻文自体と、それを用いての歴史研究に話を移そう。はじめに、カーヴェーリ川デルタ地方を中心に、九世紀から一三世紀にかけて南インドを支配したチョーラ朝の刻文を見てみよう。ヒンドゥー寺院の壁面にタミル語で刻まれた一〇世紀の刻文を意訳してみると、つぎのようである。

> 幸福あれ。ラージャケーサリ王の統治第四年。北岸のバラモン村落であるヴィーラナラーヤナ村の我々村役たちが、この年、クンバ月の火曜日、二一日に、ヴィーラナー（ヴィシュヌ）寺院で集会を開き、アナンディーシュヴァラ寺院の（シヴァ）神に日に三回の神饌を供えるために、われわれの村に付属する東の小村カーップヴェーリ

村と寺院の周りの土地全部を、我々村の地主たちが捧げた。

このようにしてカーップヴェーリ村の水田、灌漑地、無灌漑地、居住区、蟻塚、高くなった土地、池、牛の囲い地、集会場、仔牛の放牧地、川、川堤、上を向く樹、下を向く井戸、以上に挙げた全てと、蜥蜴が走り、亀の這う全ての土地を、内部に余すところなく、この神に三回の神膳を供えるために、日月の存する限り、我々村の地主たちが、無税として捧げた。


以下に内容を解説しておこう。チョーラ朝の王は、一代ごとにラージャケーサリとパラケーサリという称号をとるので、ラージャケーサリだけでは、何代目のどの王か判らないが、太陰暦クンバ月の二一日で火曜日という記述から、この日は西暦九五二年一月二七日に当たり、したがって、その王はガンダラーディティヤであるとされる。この村は王からバラモンたちに与えられたバラモン村落であるが、バラモン村落にはふつうバラモンの地主によるサバーと呼ばれる共同体組織があり、その中にペルングリと呼ばれる執行部がおかれる。ここで「村役」と訳したのがそれである。バラモン村落はふつう規模が大きく、その周りにピダーハイと呼ばれる小村があり、そこには非バラモンの耕作者が住んでいる。

刻文の主旨は、村役たちが村のヴィシュヌ寺院に集まって、村のシヴァ寺院で神に供える食事の費用を捻出するために、小村の一つを、寺院の周りの土地（通り）と併せて、そ

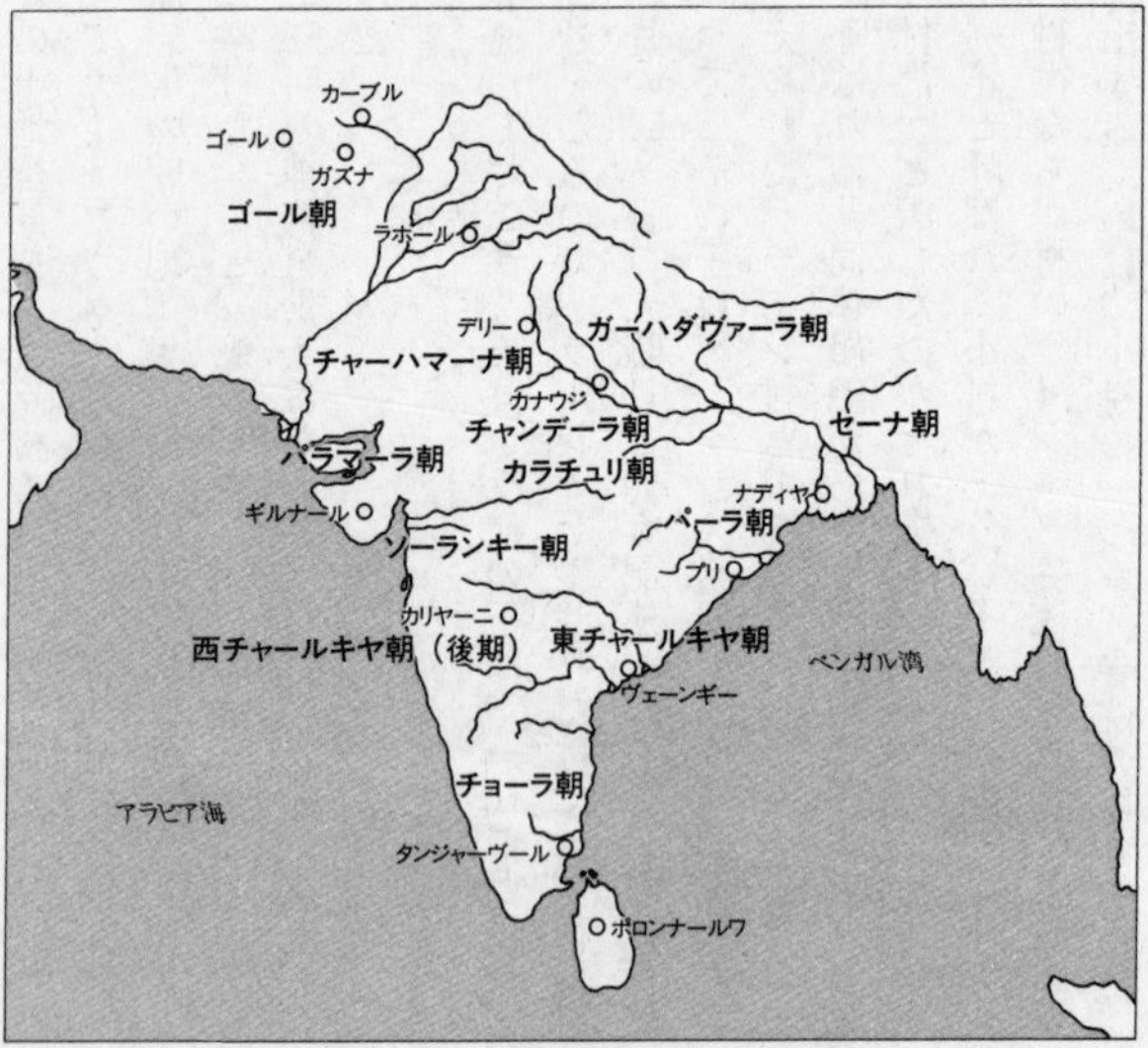

図46　11世紀末のインド。

の寺院に寄進したことである。寄進しなければ、その小村からの収入はバラモンの地主たちが土地の持分に応じて享受することになるのだが、それを放棄して、かつ、その土地にかかる租税をも自分たちで負担して、寺院には課さないというのであるから、宗教行事のためとはいえ、地主たちにとってかなりの出費となる決定である。この刻文はそのシヴァ寺院の壁面に刻まれて残っているのである。

このような刻文から判ることといえば、多方面にわたる。まず、王名。この場合には、ラージャケーサリとしか記されていなかったが、多くの刻文では個人名も記されていて、かつ、日付があれば、その王が何時統治していたかという、基本的に重要な情報が手に入る。ともかく、史書のないインドにあっては、このような刻文に現れる王名を拾い集めて王の統治年を推定し、そこから王朝史のアウトラインを再構成しなければならないのである。また、チョーラ朝の刻文には、このようなバラモン村落にまつわる寄進やその他の行事を記す刻文が多く、村にサバーと呼ばれるバラモンの地主共同体組織が作られ、その中に、ペルングリのような執行部があったり、また、ヴァーリヤムと呼ばれる各種の実行委員会があったりすることが判るのである。さらに、この刻文からは、小村に水田と灌漑つき・灌漑なしの畑地があったり、井戸があったりということが判る。もちろん、このような村内の土地の記述は常套句であって、この村の実際を示すものではないが、それでも、そこからこの地方、この時代の村落内の土地についての一般的な状況を知ることができるのである。

刻文史料編纂所

さてここで、インドには一体幾つくらいのこのような刻文があるのか見てみよう。北インドの場合には、殆どがサンスクリット語のものであるが、その他アーリヤ語系地方語のものと、さらに南インドのサンスクリット語刻文をも含めて、サンスクリットを主体とするアーリヤ語系刻文は全体で約三万ある。南インドでは、タミル語のものだけで約三万、カンナダ語のもの約一万七〇〇〇、そしてテルグ語のもの約一万があり、少数のマラヤーラム語の刻文を加えて、ドラヴィダ語系刻文が全体で六万近くあることになる。その他に、ペルシア・アラビア語のものなどもあるが、インドに残る刻文としては、南インドのドラヴィダ語系刻文が圧倒的で、その主たる理由は、南インドには古いヒンドゥー寺院が多く残り、その壁面に数多くの刻文が刻まれているからである。

インドでは、一八世紀後半からインド考古調査局が組織され、刻文もその一環として調査研究が進められてきた。刻文の数が南インドに多いことから、中心的組織である刻文史料編纂所は南インドにおかれ、現在はマイソール市にある。そこでは今でも各地に所員を派遣して寺院壁その他から新しい刻文の拓本をとってきて、それを解読し、テキストを作成して出版する仕事を続けている。これまでに蒐集された拓本の数が膨大であるため、出版が追いつかないのが現状であるが、『インド刻文年報』『アショーカ王刻文』『南インド刻文集成』その他、多くの史料集の出版が行なわれている。歴史研究者はそれを利用して研究することになるのであるが、編纂者の読解が全て正しいとは限らず、また、未出版の史料が大量にあり、歴史研究者は自分で刻文の読解をもしなければならない。これは刻文が根本史料である以上、当然のことであろう。

図47　タンジャーヴールのシヴァ大寺。

図48　シヴァ大寺基壇の刻文。チョーラ王ラージャラージャ１世の寄進を記す。

刻文による経済史・社会史の研究

刻文を利用しての歴史研究は、南インドの場合、マドラス大学のニーラカンタ・シャーストリー教授をはじめとする優れた研究者の手で進められ、チョーラ朝、パーンディヤ朝、ヴィジャヤナガル王国など、各王朝史のアウトラインが描きだされてきた。シャーストリー教授は自ら社会経済史についても研究を行ったが、社会経済史の場合には、従来、多くの研究者がごく少数の刻文を例にして議論するのが普通であった。その場合は議論にどうしても恣意性が残るので、私は、自分が刻文を史料とした研究をするようになってから、できるだけ多数の刻文を集めて、その全体を計数的に分析することによって議論することに努めてきた。最近ではそのメリットが広く認められ、そのやり方が主流になってきている。

刻文が社会経済史の研究に利用できることは、上に引用したチョーラ朝の刻文によっても明らかであるが、今一つ、ヴィジャヤナガル期の刻文を引用してみよう。

ヴァジュディランパットゥ州に住むカイコーラたちに与える告示。これまでお前たちは、駕籠とほら貝を用いる特権を与えられていなかったが、カーンチープラムのカイコーラたちが大勢やってきて、アラマラッタ・ナーヤカに直訴した。ナーヤカは、我々を

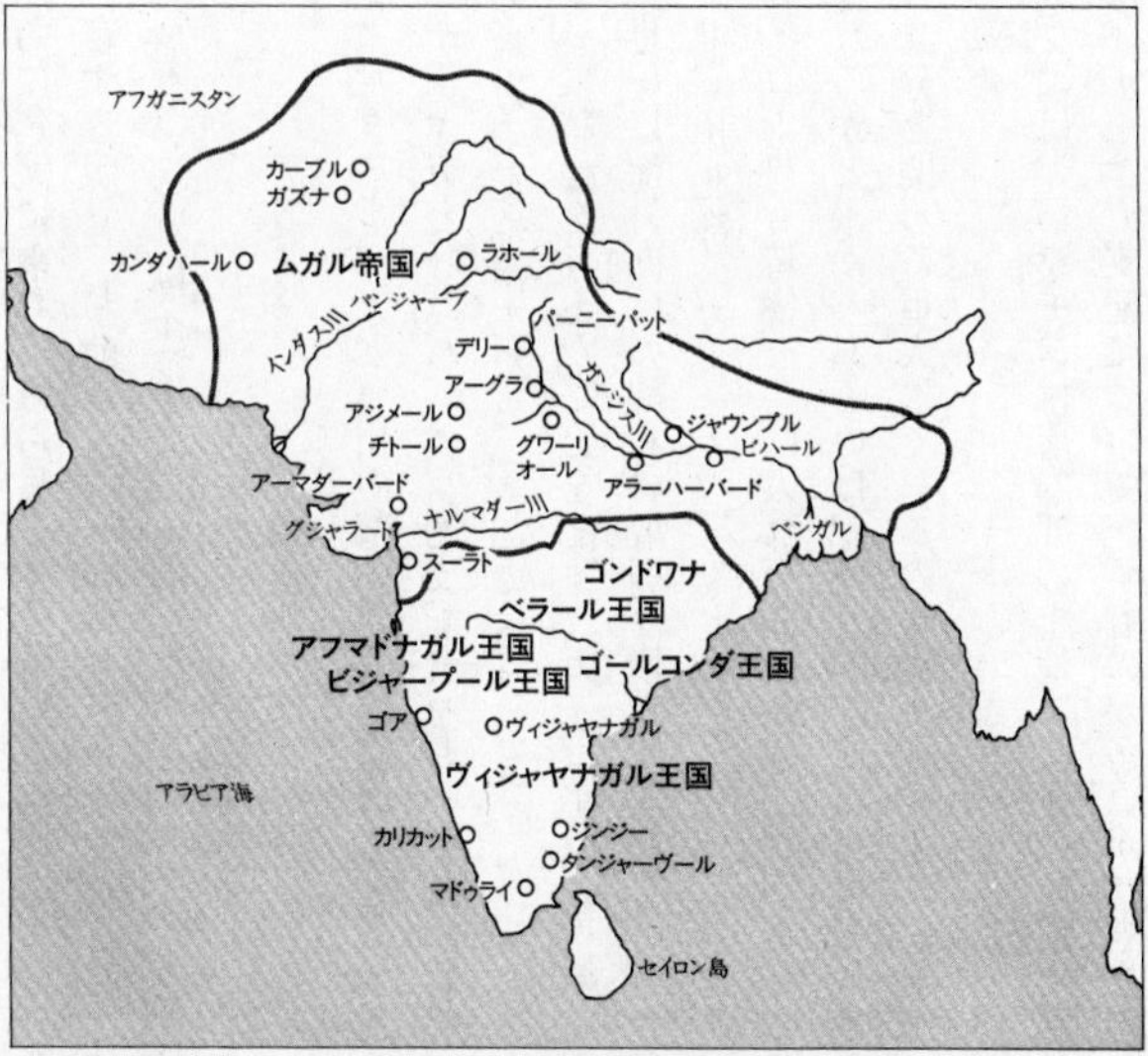

図49　16世紀末のインド。

呼ばれ、お前たちに駕籠に乗り、ほら貝を吹く特権を与えるように命じられた。そこで我々は、日月の存する限り、お前たちにその特権を享受させることにした。これは、コンガラーヤンの署名。これはイラーヤヴィパーダ・コンガラーヤンの署名。（以下二名署名省略）

これは一五世紀末、タミルナードゥ州中部の寺院壁に残る刻文である。ヴィジャヤナガル王国は各地方にナーヤカと呼ばれる代官的支配者をおいて統治していたが、そのナーヤカの一人が、その地方の在地領主たち（ここではコンガラーヤンという称号をもつ）に命を下して、カイコーラに特権を与えたことを記す。カイコーラとは織布工のカースト名で、彼らは一三・一四世紀に海外向けの綿布の取引が増大するにしたがって勢力を増大させていた。タミルナードゥ州北部（カーンチープラム）のカイコーラがまず力をつけ、その後押しで、中部のカイコーラも特権を手に入れた様子が、ここから見て取れる。何らかの行事に際し駕籠に乗れるかどうか、あるいは、儀式の際にほら貝を吹くことができるかどうかは、カーストの身分と関わる重大事で、この時代から、それを巡ってしばしばカースト同士の争いが見られた。

チョーラ朝の刻文には、バラモン村落内部の土地に関連した刻文が多く、ヴィジャヤナガル期の刻文には、ナーヤカ支配について記すものが多いが、刻文の内容は様々である。

図50　拓本をとる作業。プーランクリチの岩に残る５世紀のタミル・ブラーフミー刻文。

寺院の壁面に刻まれているからといって必ずしもその寺院への寄進を記すとは限らず、上記のような内容に加えて、地方領主同士の政治的約定を記すもの、過酷な課税に耐えられなくなった耕作者と職人たちが反乱を起こす決意をしたことを記すものなど、多様である。王やナーヤカたちによる免税を記すものも多いが、その税目の検討には計数的分析が極めて有効であった。チョーラ朝の刻文からは四四二の税目、ヴィジャヤナガルの刻文からは五六三の税目が拾い出されて、その数の多さに驚かされた。一見それは明白な課税政策の存在を疑わせるものであるが、それらの税目を年代と地域に分けて出現頻度を分析すると、そこからチョーラ朝においては七つ、ヴィジャヤナガル王国においては五つの税目が基本的なものであるなどという事実が浮かび上がってきたのである。

タミル語の刻文は内容が一番豊富で、いろいろの研究が可能であるが、そこからはカレーライスについての情報も得られる。先に引用した刻文に神様への食事が言及されていたが、刻文によっては、その食事の材料、作り方を記すものがあり、半島南端に近い二村落のパーンディヤ朝タミル語刻文（九世紀）は、クーットゥという料理を作るための調味料（カーヤム）として、コショウ、ウコン、クミン、コリアンダール、カラシを用いることを記している。この五つのスパイスは、実は今日のカレーを作る基本的スパイスであり、したがってこの記録は、カレー料理の原型がすでにこの時代の南インドで出来上がっていたことを示している。

「史書」のないインドではあるが、「刻文」は我々に過去の社会についていろいろの興味深い事実を教えてくれるのである。

参考文献

・辻直四郎「史書なき印度の歴史」『東洋文化』（一九五〇）
・辛島昇「チョーラ朝期タミル語の四刻文」『東洋学報』四八—二（一九六五）
・塚本啓祥『アショーカ王碑文』レグルス文庫（第三文明社）、一九七六
・Ahmad Hasan Dani, *Indian Palaeography*, Munshiram Manoharlal, New Delhi, 1986
・辛島昇「九世紀のタミル語刻文に見るヒンドゥー寺院での供儀」塚本啓祥教授還暦記念論文集『知の邂逅——仏教と科学』佼成出版社、一九九三
・Noboru Karashima, "South Indian Temple Inscriptions: New Approach to Their Study,"

South Asia, vol. XIX, no. 1 (1996)

7 菩提樹の陰にて——インドとスリランカの仏教

仏教誕生の歴史的背景

仏教はインドで生まれた宗教である。開祖となったガウタマ・シッダールタ（ブッダ）の年代に関しては、紀元前六世紀、五世紀など異説があって定かでないが、ここでは、ほぼ紀元前五〇〇年ころと考えておこう。大切なことは、当時の北インド、それもガンジス川の流域で、バラモン教が栄えていたことである。

インド亜大陸には、元来オーストロ・アジア、チベット・ビルマ、ドラヴィダなどの言語系統を異にする諸民族が住み着いていたのであるが、紀元前一五〇〇年ころ、アフガニスタンを経由してインド・アーリヤ民族が進入してきた。彼らは初めの五〇〇年間ほど、西北部のパンジャーブ地方に留まり、先住民族と共存して生活していたのであるが、紀元前一〇〇〇年ころから東進をはじめ、ガンジス川流域に進出した。

パンジャーブにいたころはまだ牧畜の生活を主としていたのが、ガンジス川流域では、森林を切り開き、定着して農業を行なうようになってきた。その中流域には、チベット・

ビルマ民族を初めとする先住民たちが多く住みついていたのであるが、アーリヤ民族は彼らと交じり合いながら農耕社会を発展させ、紀元前五〇〇年ころになると、多くの国家が形成されるようになってきた。

アーリヤ人の宗教は、元来は自然崇拝が主体で、雷、火、風、太陽などの自然現象を擬人化して崇拝するものであった。彼らが紀元前一二〇〇年ころに生みだした宗教文献『リグ・ヴェーダ』は、それらの神への賛歌である。宗教を司ったのはバラモンと呼ばれる司祭たちであったが、やがて社会の中で彼らの力が強くなり、バラモンは祭礼を執り行うことによって、神をも支配できると考えられるようになってきた。そこで成立したのが、祭礼中心のバラモン教であり、それはほぼ紀元前八〇〇年ころのことと考えられている。

そのようなバラモン教の隆盛がつづいたのち、それに対抗する新しい宗教として興ったのが、仏教やジャイナ教である。ジャイナ教の開祖ヴァルダマーナ（マハーヴィーラ）もブッダと同時代の人であったが、これらの革新的宗教がガンジス川中流域に興ったことは興味深い。ガンジス川上流域にはアーリヤ民族の有力部族が定着し、バラモンの力が強かったが、中流域には多くの先住民族が住んでいて、そこに形成された国家は、バラモン教的伝統から比較的自由であったのである。ブッダはシャーキヤ族の王子として生まれ、マハーヴィーラはリッチャヴィ族の貴族の生まれであったが、この両族は、アーリヤ民族ではなく、チベット・ビルマ系の部族であったと考えられている。

仏教とヒンドゥー教

ブッダは、バラモン教の重視する祭礼ではなく、人々に重要なのは正しい心の持ち方で

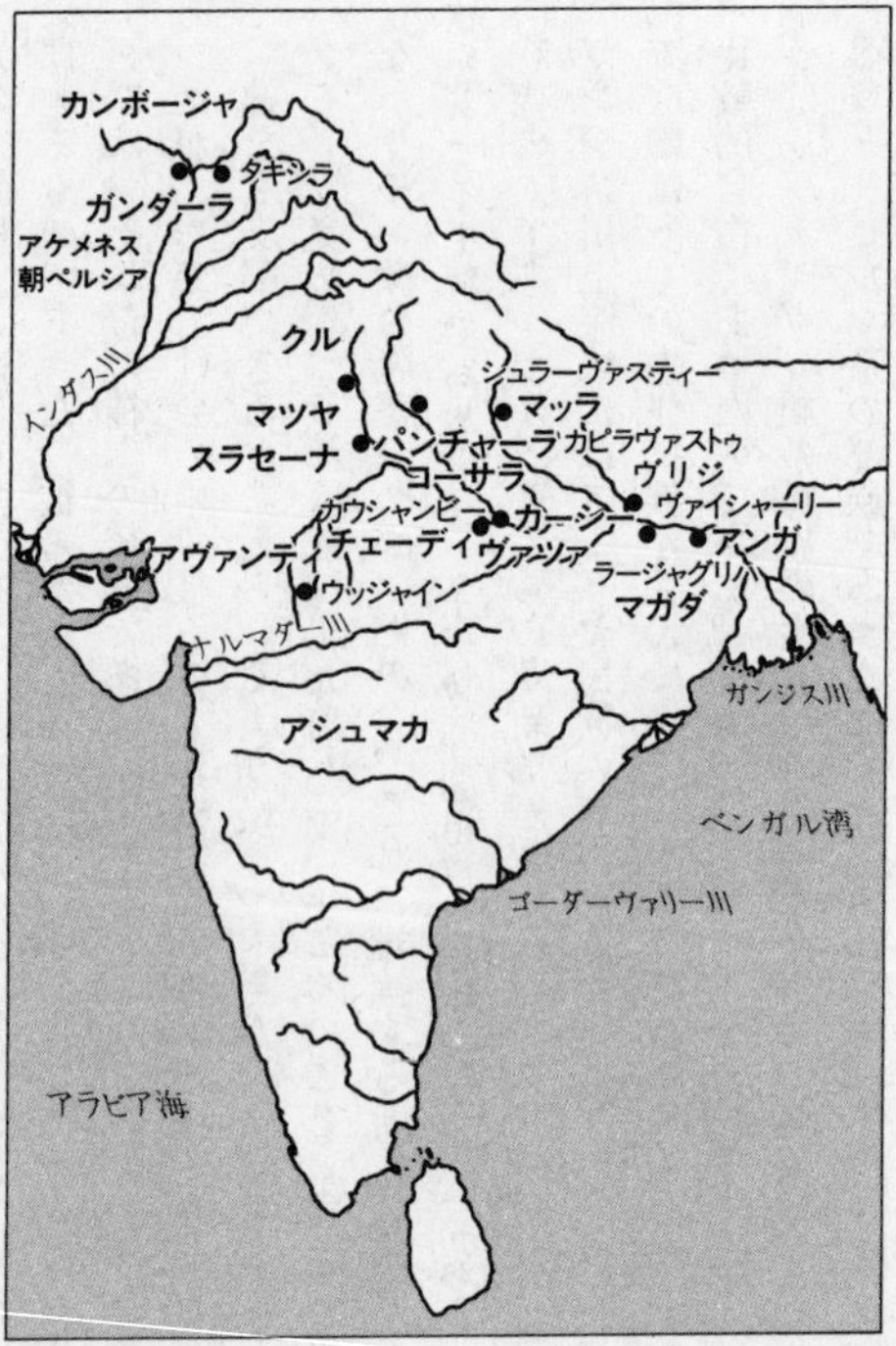

図51　仏典に見える十六大国。

あるという内面の教えを説いたのである。正しい心を持つためには、正しい行いをしなければならなかった。マハーヴィーラもそれに似た教えを説いた。そのように、仏教、ジャイナ教といった改革的新興宗教は、内面の教えを説いたのであるが、それに対して、バラモン教の方でもその時代に、自らを改革していこうとする新しい動きが出始めていた。すなわち、基本的にはヴェーダの解説書でありながら、極めて思弁的な内容を持つウパニシャッド文献が書かれるようになってきたのである。

このバラモン教の自己改革と、その結果としてのヒンドゥー教の成立については後に記すとして、ここで「出家」のことについて記しておこう。われわれのよく知っている輪廻の観念は元来アーリヤ人たちがもっていたものではなく、先住民たちのものであったと考えられるのだが、ブッダは輪廻をたちきって解脱するためには、出家して修行することが必要であると考えていた。紀元後になって成立した大乗仏教では、慈悲の実践を重視し、在家の生活をも認めるようになるのであるが、部派仏教と呼ばれるそれ以前の仏教では、出家が重視され、出家しない一般の人々は、出家者集団のサポーターあるいはその予備軍としか見なされていなかったのである。

出家者の集団は修行にいそしむのであるから、サポーターを必要とするのは当然であったが、最大のサポーターは国王と長者と呼ばれる都市の富裕な商人たちであった。ブッダはマガダ国王ビンビサーラや給孤《ぎっこ》独《どく》長者などのサポートによって、弟子たちとの活動を続けたのである。ブッダの死後も、マウリヤ朝のアショーカ王の例に見られるように、仏教は多くの国王や商人たちの帰依と支援をうけて、集団が維持され続けた。そして、紀元前後のクシャーナ時代にはパンジャーブを中心とする亜大陸北西部にも広がり、同じころサータヴァーハナ朝の支配下にあったデカン、それも東南方のアーンドラ地方にまで広まった。

クシャーナ朝の下では、仏教だけでなく、ゾロアスター教、バラモン教、ジャイナ教、さらに、ギリシア・ローマ諸神の崇拝も行なわれたのであるが、このように仏教がガンジス川流域を越えたフロンティアに拡大して行くにつれて、仏教自体が変質して行くことになったのである。すなわち、先に述べた、慈悲の実践を重んじ、在家の生活をも認める大乗仏教の思想が強まったことである。これによって仏教は一般の人々の中に入り込み、その日常生活を律することになるのであるが、新しい信者を増やしていくことは、容易なことではなかった。

それは、仏教の成立のころから自己改革を始めていたバラモン教が、ヒンドゥー教として徐々に力を伸ばし、人々の生活の中に根強く入り込んでいたからである。ウパニシャッドが思弁的内容を持つものであることはすでに記したが、そこでは、日本でも知られている「梵我一如」の考え方が説かれているのである。宇宙には「梵」と呼ばれる宇宙の原理があり、個人には「我」と呼ばれる自己の本質があるのであるが、この梵と我は実は同じものなのであることを悟ることによって解脱できるとするこの考えは、すでにバラモン教的な儀礼とは程遠いものであった。

ヒンドゥー教はそのような新しい考え方をも採り入れ、また土着の信仰とよくマッチしたシヴァ神、ヴィシュヌ神のような人格神の崇拝をも発展させて人々の間に勢力を浸透させていったのである。初期の仏教は出家を対象として教団を組織したのに対し、ヒンドゥー教の方は、そのような閉鎖的な集団を作らず、カースト制度と密着して、初めから社会

図52　野猪となって海の底から大地の女神を救いだすヴィシュヌ神。バーダーミ石窟。

図53　アマラーヴァティーのストゥーパ壁面に彫られたストゥーパの姿（マドラス博物館蔵）。

の全体を対象として、それを包み込む論理を発展させていたのである。したがって、仏教の方が大乗的な新しい考え方を発展させ、社会全体への浸透を図ったときには、すでに社会にはヒンドゥー教の網がかかっていて、新しい信徒の獲得はほとんど不可能だったに違いない。ローマ帝国の滅亡後、国際的交易活動にかげりが生じたことも、商人を主なサポーターとしていた都市の宗教である仏教には、大きな打撃であった。

思想的にも、大乗的考え方が出現したことは、仏教がヒンドゥー教の思想に接近したことを意味しているが、ヒンドゥー教の方でも、有力なヴェーダーンタ学派がウパニシャッドを中心に据えて思弁的内容を発展させていったことは、仏教への接近をもたらすものであった。その結果、ヴェーダーンタ学派の説くところは、仏教の説くところと余りかわらなくなり、七世紀の同派の思想家で、インド最高の哲学者とも言われるシャンカラは、「仮面の仏教徒」と呼ばれたほどであった。

タントリックな密教が発達するにつれてその傾向はさらに強まり、七、八世紀以降、仏教において大日如来の信仰が行なわれるようになると、仏教とヒンドゥー教の接近は決定的になる。バラモン教の儀礼を復活させた点でも両者は共通し、このような両者の接近は、インドにおける仏教の独自性、ひいては、その存在理由をも失わせることになったのである。そのように、言ってみれば、ヒンドゥー教の中に取り込まれるような形になってしまった仏教に、最後の打撃を与えたのは、アフガン勢力の侵入であった。

インドにおける仏教の衰亡と復興

一二世紀アフガニスタンからインドの地に侵入したゴール朝の軍隊は、略奪を目的にガンジス川流域の寺院を襲い、ナーランダー、ヴィクラマシラーのような大きな仏教僧院は第一にその餌食にされ、一三世紀初頭には、壊滅的打撃をこうむった。そして、ヒンドゥー教と違って、一般の人々の間に大勢の確固たる信者をもっていなかった仏教は、一度そのような教団組織の中心的僧院を破壊されると、なすすべもなく、それ自体が崩壊に向かったのである。ヒンドゥー教の方では、仏教をその内部に取り込む試みをつづけ、ブッダは、ついにヴィシュヌ神のアヴァターラ（化身）の一つとされるに至ったのである。

図54　ナーランダー僧院跡。７世紀に玄奘や義浄もここで修行した。

その後インドにおいて仏教が復興するのは、二〇世紀に入ってからの話であるが、一九世紀にはイギリスの支配下で、インドの知識階層によるインド社会の改革運動がはじめられた。先駆者はラーム・モーハーン・ローイであったが、多くの人物によって推進されたこの運動は、カースト差別やサティー（寡婦殉死）に象徴されるようなヒンドゥー教の「不合理な悪習」を改革することを目標としていた。ある者は、そのような悪習に染まる以前の「ヴェーダ」の教えに帰れと主張したりしたが、そのような風潮が広まるにつれて、インドの宗教の中で、より「合理的」と考えられる側面の多い仏教に関心を示す者も現れてきた。仏教だけに関心をもったわけではないが、ロンドンで仏陀の生涯について記すエドウィン・アーノルドの『アジアの光』を読んで深い感銘をうけたガンディーも、その一人に数えることができる。

しかし、仏教に対する知識人のそのような関心が社会運動として実際の意味をもつようになったのは、アンベードカルによっている。彼はマハールというマハーラーシュトラの不可触民の出身であったが、開明的藩王の助力をえてアメリカで勉強し、帰国後に不可触民の解放運動に身を挺するようになった。ガンディーも不可触民の差別撤廃を目指したが、彼はカースト制度そのものの存続を容認したのに対し、自身不可触民として様々な差別に苦しんだアンベードカルはカースト制度そのものに反対し、ガンディーと対立した。独立後に彼は、法務大臣、憲法起草委員会の長として活躍したが、最終的には不可触民がヒンドゥー教の中に留まっていたのでは差別から解放されないとして、一九五六年、死の二ヶ月前に数十万のマハールの者たちと一緒に仏教に集団改宗をしたのである。

図55　アンベードカル（1891-1956）。死の直前、マハールの人たちを率いて仏教に改宗した。

その後、不可触民からの仏教への改宗はつづき、現在インドに住む六〇〇万人の仏教徒のほとんどは、この新しい改宗者なのである。彼らはしばしば、新仏教徒（ネオ・ブディスト）と呼ばれている。そのような形での仏教の復興と直接の関わりを持つものではなかったが、藤井日達による日本山妙法寺の運動は、仏教をインドに「お返しする」という視点から、また、スリランカの仏僧ダルマパーラが始めたマハーボディ・ソサエティの運動は、ブッダガヤの「仏跡を保護する」という視点からなされた、今世紀における仏教の普及運動である。

「仏教国」スリランカ

さてここで話題を変えて、スリランカの仏教についてみよう。この国での仏教は、変転はあったものの、紀元前の時代から連綿と信奉され続けてきているのである。スリランカには、五世紀以降に仏教徒の手によって編纂された王統史『マハーヴァムサ』が存在していて、そこに次のような建国説話が記されている。

「獅子の国」シンハラ王国を築いたのは、北インドからやってきたヴィジャヤという王子であった。彼の祖父は獅子であったが、彼は父によって王国を追放され、船に乗ってスリランカにやってきた。彼は妃を南インドのパーンディヤ王家から迎えるが子供が出来ず、インドから弟の息子がやってきて王統を継ぐ。その妃となったのは、ブッダを生んだシャ

に南インドでヒンドゥー教が隆盛になってからのことで、インドとは逆に、ヒンドゥー教の影響が強まった時には、仏教がすでに人々の日常生活の中に根をおろしていたのである。

スリランカ仏教に見られるシンクレティズム

そのように、本質的にはサポーターに過ぎない一般在家者の中に仏教が浸透していった過程で、ピリットと呼ばれる儀礼が重要な役割を果たしたことが指摘されている。この儀礼行為は、僧侶がパーリ語の経文を読むことを中心にしているのであるが、在家者には、それによって悪霊から身を守り、病を治し、家内安全を図ってもらうという呪術的、祈禱的意味合いが強いようである。また、ボードガヤーからもたらされたという菩提樹に対する信仰は、古来の樹木崇拝の伝統と結びつき、仏教を在家者の間に広めるのに大いに役だったと考えられている。スリランカの仏教寺院には必ずといっていいほど大きな菩提樹があり、人々の参詣が絶えない。

さらに、スリランカの仏教寺院に祭られるデイユーと呼ばれる護法神を見ると、ヒンドゥー教、あるいは仏教以前の民間信仰が仏教と結びつき、人々を仏教に引きつける役割を担っていることがよく判る。例えば、キャンディの近くにある中世のランカーティラカ寺院は、ブッダの祠堂外側周囲に、ガネーシャ、ヴィビーシャナ、ヴィシュヌ、サマン、カタルガマの五護法神が祭られている。ヴィシュヌ、ガネーシャは、もちろんヒンドゥー教

古代タミル人のムルガン神に由来するカタルガマ神

仏陀

アダムズ・ピークに住むという土着のサマン神

図58　ランカーティラカ寺院の仏陀と護法神。

の有力な神。カタルガマはヒンドゥー教的に言えばスカンダだが、元来は南インドのムルガン神、そしてサマンは、アダムズピークとも結びつく土着の民間神である。ヴィビーシャナは「ラーマーヤナ」にラーヴァナの兄弟として現れるが、ラーマに味方し、後にランカーの王となっている。このうち、カタルガマは、それ独自の寺院も方々にあり、そこにはヒンドゥー教徒であるタミル人だけでなく、仏教徒のシンハラ人もお参りに行くのである。

これらのデイユーが仏教寺院の中に入り込むのは一三世紀以降のことのようでもあるが、カンディの仏歯寺でも建物を別にして祭られており、スリランカの仏教がシンクレティズムの傾向をもっていることをよく示している。仏教は、ヒンドゥー教、民間信仰（菩提樹の信仰を含む）をもその中に取り込み、またピリットの儀礼を人々に行うことによって、在家者の信仰をつなぎとめてきたのである。仏教がヒンドゥー教の中に取り込まれたインドとは、ちょうど逆の関係である。

また、歴史的に見れば、出家者集団のサンガの方に度々危機的状況があり、その都度、国王や一般の人々が、仏僧をビルマやタイから招いて、サンガを改革したり、新しい宗派（ニカーヤ）を興したりしているのである。一八世紀にサンガの乱れによって、正式の僧侶になるための具足戒が出来なくなったとき、タイに使節を送って僧侶の来島を要請したのは、南インドのナーヤッカル家出身の、元来はヒンドゥー教徒のキャンディ国王であった。しかし、そのタイの僧侶によって始められた宗派（シアム・ニカーヤ）が、高位カーストしか相手にしないことになると、人々はまたビルマから僧侶を招き、新しい宗派（アマラプラ・ニカーヤ）を興している。しかし、それでいて人々の間には、カタルガマをはじめとするヒンドゥー教や民間信仰への同時的信仰が、矛盾することなく見られつづけたのである。

以上のようにスリランカの仏教は、サンガ、国家、一般の在家の間でうまくバランスをとると同時に、ヒンドゥー教、民間信仰、あるいはイスラーム教などともうまく折り合いをつけながら存続してきたのである。民族紛争を契機に、その微妙なバランスが崩れてきているようにも危惧されるが、アヌラーダプラの菩提樹やカタルガマの寺院へは人々の参詣がつづき、長い年月の間に築かれた人々の日常生活における信仰心の確かさを示している。

参考文献

・青木保編『聖地スリランカ——生きた仏教の儀礼と実践』日本放送出版協会、一九八五
・前田恵学編『現代スリランカ上座部仏教』山喜房、一九八六
・杉本良男編『もっと知りたいスリランカ』弘文堂、一九八七
・辛島昇「仏教・ヒンドゥー教、イスラーム教」歴史学研究会編『世界史とは何か』(講座世界史1)東京大学出版会、一九九五
・宮元啓一『仏教誕生』ちくま新書、一九九五

8　デリー・スルタン朝の遺跡――ムスリム政権とインド社会

デリー・スルタン朝の成立

イスラーム教徒によるインドとの最初の接触としてよく言及されるのは、八世紀初頭ウマイヤ朝のムハンマド・ブン・アルカーシムによるシンド（インダス川下流域）占領である。これは、アラブ商人の船がシンド沖で海賊に襲われたことに端を発した事件ともいわれ、これまでインドのイスラーム化にとって大きな影響はなかったとされてきたが、最近では、これによってインド洋におけるムスリム商人の活動が促進されたという指摘もなされている。しかし、イスラーム教との本格的な接触に基づくインド社会のイスラーム化ということになると、それは、一一世紀以降の、アフガニスタンからのガズニ、ゴール両朝の侵攻からなのである。

イスラーム教は一〇世紀以降、東方のイラン人、トルコ人の間にも広がっていったが、一〇世紀後半アフガニスタンにイスラーム化したトルコ系のガズニ朝、一二世紀後半にゴール朝が勢力を持つようになると、彼らはインドへの侵入を繰り返した。それはインドの富の略奪であって、イスラーム教圏の拡大を目指すものではなかったが、ゴール朝のムハンマドの武将アイバクが、一三世紀初頭にインドの地で独立の政権を打ち立てると、そこから新しい状況が生まれることになった。アイバクの支配開始は一二〇六年のことであったが、それから一五二六年にムガル朝の支配が始まるまでの三二〇年間に、デリーには次々と五つのムスリム政権が打ち立てられることになったのである。

アイバクの政権は、彼をはじめとする有力スルタンが宮廷奴隷の出身であったため奴隷王朝と呼ばれ、それに続いて、ハルジー朝、トゥグルク朝、サイイド朝、ロディー朝が継起し、これら五つの王朝をまとめて、デリー諸王朝、あるいはデリー・スルタン朝と言う。後にそれがどういう状況になっていくかは別として、ともかくこの時代に、イスラーム教を信奉する異民族がインドの地に侵入し、その支配が始まり、後代に大きな影響を及ぼすことになったのである。その新しい状況下で、実際にどのようなことが起こったのか、その点について、デリーにおける遺跡の調査を基にした荒松雄教授の研究をもとに、問題を考えてみよう。

荒松雄教授の遺跡調査

荒教授がデリーで数多くの遺跡を目にして、その歴史研究を思いついたのは、一九五〇年代の初めであったが、実際の調査は、山本達郎教授を団長とする東京大学インド史跡調

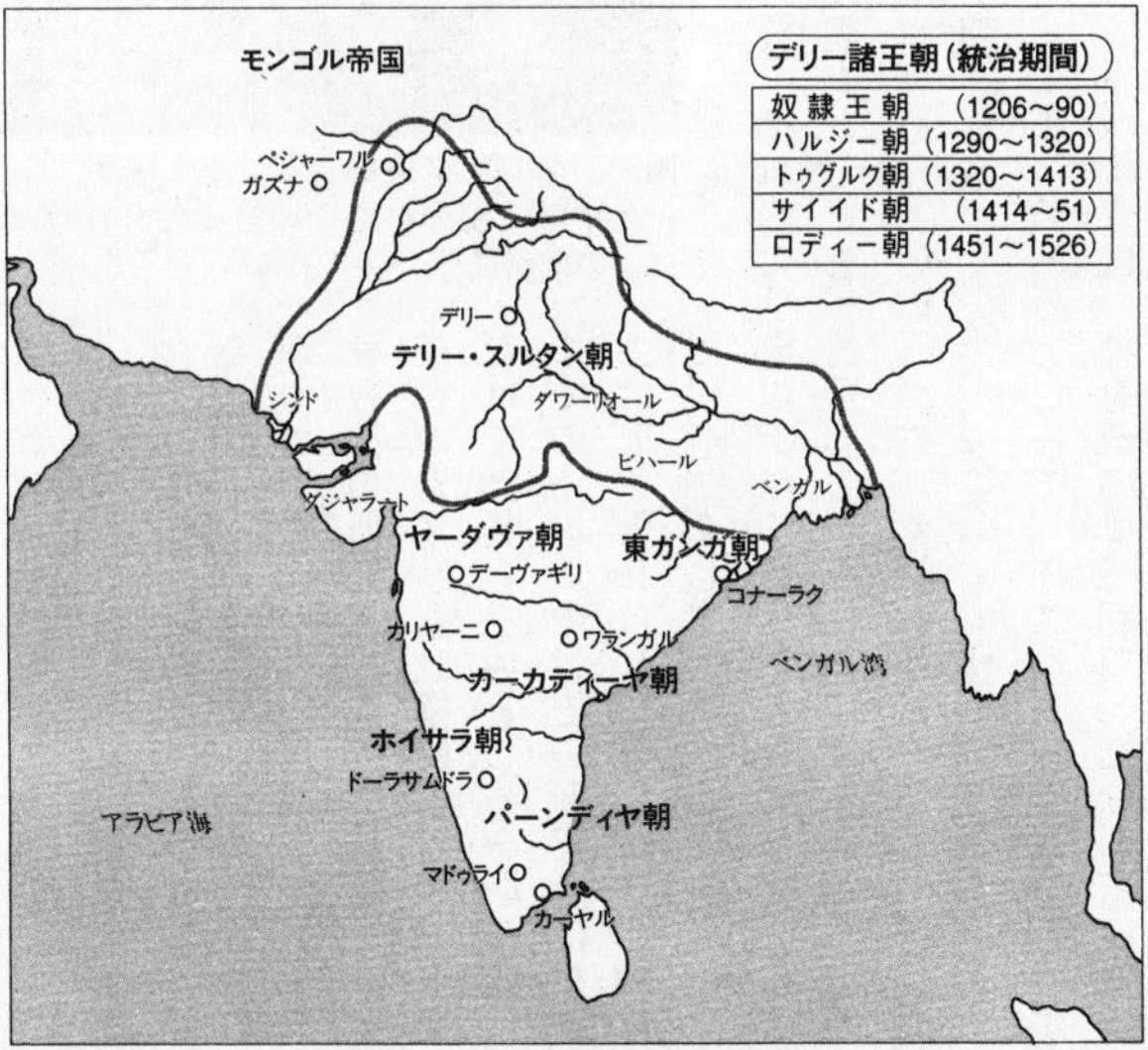

デリー諸王朝 (統治期間)	
奴隷王朝	(1206〜90)
ハルジー朝	(1290〜1320)
トゥグルク朝	(1320〜1413)
サイイド朝	(1414〜51)
ロディー朝	(1451〜1526)

図59　14世紀初頭のインド。

図60　クトゥブ遺跡。ヒンドゥー教、ジャイナ教寺院の柱がそのまま使われたモスクの回廊部分。

査団による調査として一九六〇年代に行なわれた。遺跡というのは主として石や砕石とモルタルで作られたモスク、墓廟、水利施設などであったが、それらには建造の年代を記す刻文があったり、また、調査していくにしたがって、様式から年代の推定も出来るようになってきた。荒教授の研究は、調査の結果を文献資料と突き合わせ、最初のムスリム政権によるインド支配につき、文献からだけでは判らないところを明らかにしようとする。それまでのインド中世史の研究では、遺跡調査が歴史研究の中に取り入れられていなかったのを、意図的に取りいれて、遺跡をして当時の状況を語らせようという新しい研究であった。その後、それらの遺跡はデリー広域都市化の波の中に埋没してしまうことになったので、遺跡調査としても、貴重な史料を後世に残すことになった。

調査によって判ってきたことの一つに、都城の変遷がある。奴隷王朝の都城は滅ぼされたチャーハマーナ朝の都城（ラーイー・ピタウラー城砦）のあったクトゥブの地に作られた。有名なクトゥブ・ミナールのあるところで、モスクも作られているが、その柱には女神像などの彫られたヒンドゥー寺院の柱をそのまま利用したりしている。ハルジー朝になると

図61　トゥグルカーバード遺跡。城壁の一部。

新しい都城の建設が行なわれ、とくに有能だったスルタン・アラーウッディーンはシーリーの地に楕円形の城砦を作り、その址が残っている。つづくトゥグルク朝の創始者ギャースッディーンは現在トゥグルカーバードとして知られる城砦を造営したのだが、自分はそこに住むことなく息子に暗殺（?）されてしまった。息子のムハンマドは、イブン・バットゥータが異常な性格の持ち主と記しているように、特異な人物で、トゥグルカーバードに住む間もなく、はるか南方で征服したデカンの地に第二の都ダウラターバードを建設してそこに移り住んだ。しかし七年後にそれを放棄して再びデリーに戻り、また新しい都城ジャハーンパナーの建設に着手した。荒教授の調査で、それが壮大な水利施設計画を伴うものであったことが明らかにされている。

つぎのスルタン、フィーローズシャーは、一転して今度はクトゥブやトゥグルカーバードの地より北方の今のオールド・デリーに接する地に、壮大な新都フィーローザーバードの建設を試みた。アショーカ王の石柱を上に頂き、現在も一部が残るフィーローズシャー・コートラはその宮殿であった。このデリー・スルタン朝の中期に当たるフィーローズシャーの治世（一三五一〜八八）には、金曜の集団礼拝用の公共モスクであるジャーマ・マスジットが数多く建てられている。それは当然ムスリム人口の増大を意味しており、その理由としては、イラン、アフガニスタン方面からの更なるムスリムの流入とともに、インド人のヒンドゥー教からの改宗が考えられる。

スーフィーの役割と新しいものの出現

この改宗についての荒教授の指摘は重要である。イスラーム教の拡大については、従来よく「コーランか剣か」という占領地民衆の強制改宗が理由として挙げられてきたが、少なくともデリー・スルタン朝の支配はそうではなく、ヒンドゥー社会を温存したまま、その上に乗っかる形での支配が行なわれたのだという。にもかかわらず、ムスリム人口が増大したのには、スーフィーと呼ばれるイスラーム神秘主義の聖者たちによる教化活動が大きかったというのである。当時のデリーのスーフィー聖者としては、「おクトゥブさま」と呼ばれたイラン系チシュティー派のシェイフ・クトゥブッディーン、その孫弟子のシェイフ・ニザムッディーン、さらにその後継者で「デリーのお灯りさま」と呼ばれたシェイフ・ナシルッディーンの三人が有名で、彼らはムスリムの崇敬をえたばかりでなく、ヒンドゥーの行者たちにも人気があったらしい。このような聖者たちは都城の中心地や交通の要衝に道場（ハーンカー）を開いたが、この三人の死後には、その墓が聖廟（ダルガー）としてムスリムだけでなく一部ヒンドゥーの巡礼対象ともなって参詣の人々でにぎわったという。

このスーフィズムの人気は、実はヒンドゥー教のバクティ運動の展開とも関連をもっている。スーフィズムは一〇世紀ころから盛んになってきたイスラーム教における神秘主義で、神への愛、神についての神秘的知識をもとに神との合一を説くものであるが、似たような考え方はヒンドゥー教のバクティ思想の中にも見出せる。バクティは、神を愛し、神に帰依することによって、神の恩寵を得るという考えで、信仰運動としては七世紀以降の南インドで発展したが、やがて丁度このデリー・スルタン朝期に北インドにも広まってきたのである。この二つの信仰運動はイスラーム教とヒンドゥー教の間に接点を作りだし、それ故に、スーフィズムはヒンドゥー教徒にとっても受け入れやすかったのである。

スーフィーの聖者たちは政治権力

図62　ニザムッディーン聖廟。

図63　聖廟内のニザムッディーンの墓。赤いバラが捧げられる。

図64　音楽に合わせ恍惚のうちに踊るスーフィーたち。17世紀の細密画（ヴィクトリア&アルバート博物館蔵）。

とも一定の距離を保ちながら接近し、それ故、彼らの道場が都城の中心部に作られているのであるが、スルタンの方にも人気のある聖者と関係することによって自己の政権維持を図ろうとした者が見られたらしい。また、実際に宗教的に深く帰依して、自分の墓を聖廟の境内に造らせたスルタンも存在した。何れにしろ、荒教授が強調するのは、政治権力が支配下の人民を強制的に改宗させるのではなく、このスーフィーの活動によってヒンドゥー教からイスラーム教に改宗するものが多く出たであろうという点である。

さて、トゥグルク朝末期一三九八年に、デリーはティームール軍の侵入によって大きな打撃をうける。その混乱を収拾して政権を打ち立てたサイイド朝のスルタンも新しい都城を造ろうとはしたのだが、実際には計画倒れに終わったらしい。最後のロディー朝もその点は同様で、第二代のスルタン・シカンドラは、アーグラ北郊に都を造ろうとしたが、果たせずに終わっている。このロディー朝はそれまでのトルコ系と異なるアフガン系部族で、スルタンの権力が多数の氏族からなる貴族勢力の掣肘を強く受けたらしい。この時代に多数の墓建築や墓地、中小モスクが造られた理由を、荒教授はこのロディー朝における権力構造の違いに見出す見解を述べている。すなわち、スルタンだけでなく、有力貴族のそれぞれがモスクや墓を造るようになった結果、その数が急増したのだという。

以上から判るように、インドに入ってきたトルコ系、アフガン系のムスリムたちは、インドでの統治という新しい事態に直面して、このデリー・スルタン朝支配の三〇〇年間に、試行錯誤でいろいろのことを試みている。都城がしばしば遷されていることは、政権が安定していないことを示している。しかし、大切なのは、その試行錯誤の時期にも、聖戦としてのインド征服といった、イスラーム教を前面に押し出しての支配はむしろ見られなかったことである。支配されるヒンドゥー教徒の側も、支配者はトルコ人（トゥルシュカ）と言った受けとり方をしていて、イスラーム教徒の支配から身を守るといった意識はさほど強くなかったように思われる。

したがって、ヒンドゥー教とイスラーム教は、宗教としては大変に違う宗教であるものの、実際には、新しく建てられたムスリム聖者の道場や廟にヒンドゥー教徒がすすんで足を運ぶといった事態が起こったのである。両者の接点が、バクティ信仰とスーフィズムにあったことはすでに記したが、ムスリムの家庭で育ちながらバクティ信仰に影響され、両宗教を批判的に統合しつつ唯一神への信仰を説いたカビールや、それをさらに発展させて新しいシク教の開祖となったナーナクが現れたのも、まさにこの時代であった。

建築に例をとれば、この時代には、それまでインドの景観にはなかったアーチやドームといった様式をもつ、墓廟やモスクのような新しい建造物が出現している。その建造のためにヒンドゥー寺院が破壊されることは起こったものの、全てが破壊されたわけではなく、また、全ての建築が新しい様式に変ったわけでもない。ここでも従来のヒンドゥー寺院などに見られた伝統的建築様式と新しいイスラーム風建築様式との結合が見られたのである。地方でのイスラーム建築には、その点が一層明瞭にみてとれよう。

つまりそこでは、イスラームは「文化」としてとり入れられているのであり、それ故に、ヒンドゥー文化とイスラーム文化、両者の共存と融合が可能だったのである。デリー・スルタン朝の時代は、その始まりであり、荒教授のいう両者の融合によるインド・イスラーム文化の見事な華が開くのはつぎのムガル帝国の時代になってからなのである。

ヴィジャヤナガル王国宮廷の衣装

今述べたのと同じことではあるのだが、この時代、宗教としてのイスラーム教を受け容れた「イスラーム化」が見られたのはもちろんであるが、より広範には、イスラーム文化を受け容れた「イスラーム文化化」が起こったのだという指摘が、南インドに例をとってなされている。ここで、アメリカの歴史学者ワゴナー博士が行なった、中世南インド、ヴィジャヤナガル王国の宮廷における上着と帽子についての研究を見てみよう。

それにはまず、少し前の時代から見なければならない。九世紀から一三世紀にかけて東南海岸平野を中心に南インドを支配したチョーラ朝の首都タンジャーヴールには大シヴァ寺院があり、その内殿に、並んで立つ二人の人物を描く壁画がある。描かれているのは最盛期の王でこの寺院を建立したラージャラージャ一世とバラモンの詩人であるが、このバラモン詩人は王の宗教上の師（王付司祭）であったとも考えられている。それはともかく、その画で注目したいのは、上半身はだかというスタイルと彼らの髪型である。一見帽子のように見えるこの髪型（ジャターマクタ）は、長い髪を編んでそれを頭上に束ねているのである。

この上半身はだかというのは南インドでは極めて一般的なスタイルで、王宮でもそうであったらしい。一五世紀初頭、明の大船団を率いて南海に乗り出した鄭和に随行してケーララのコチ（柯枝国）を訪れた馬歓は、その国の王が腰に小さな布をまとうのみで、上半身はだかであったと旅行記『瀛涯勝覧《えいがいしょうらん》』に記している。馬歓は、国王の頭については、「黄白の布を頭にまとう」と述べている。これは恐らく、ターバンのように布を巻きつけているということと思われる。ラージャラージャ一世のヘアスタイルは、寺院の中で司祭と一緒に描かれていることと関連があり、恐らく宮廷では簡単に束ねた髪にターバンを巻くか、王冠をかぶるといった姿であったかと想像される。

さて、つぎに問題にするのは、南インド内陸部、デカン高原南部の町レーパークシのシヴァ寺院本殿前堂に描かれた天井画である。レーパークシは、一四世紀から一七世紀にかけて南インドを支配したヴィジャヤナガル王国の第二の首都となったペヌゴンダに近く、この天井画は一六世紀ころに描かれたものと考えられている。天井には様々の物語の、様々な場面が描かれているが、問題の絵柄は、従者を連れた位の高い二人が、シヴァ神を崇拝している場面を描いているものと想像される。高位の二人は、ヴィジャヤナガルの王と、この地方を治めている地方統治者（ナーヤカと呼ばれ、日本で言えば、大名のような存在）ではないかと想像される。それはともかく、王宮の高位者であることは間違いない。

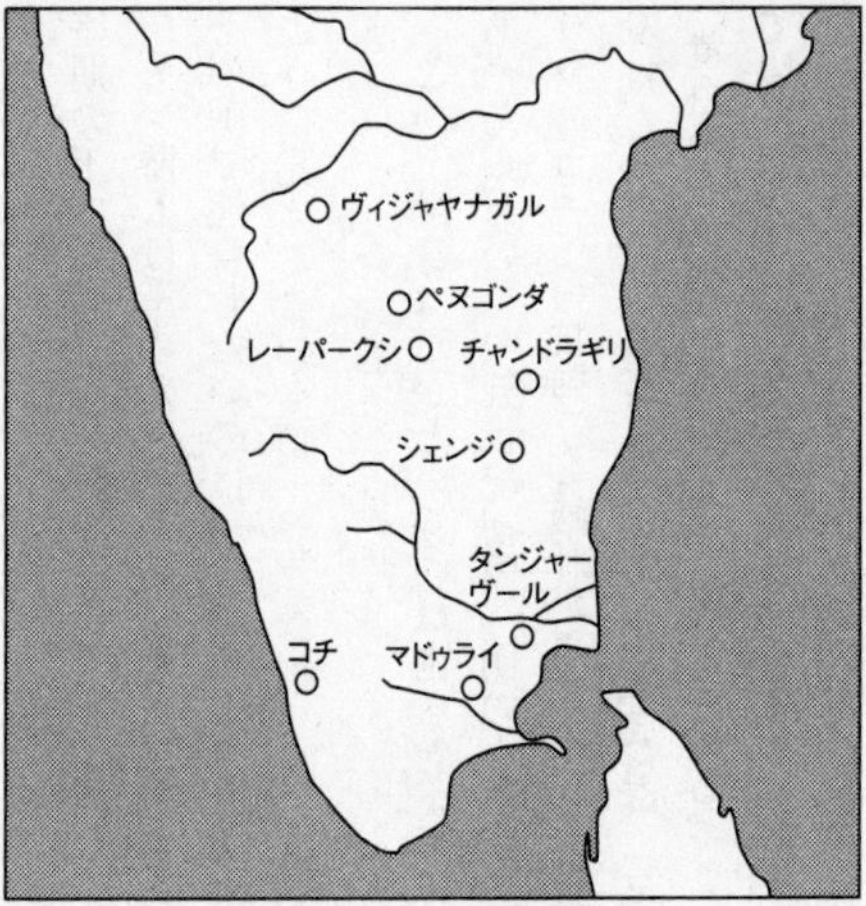

図65　16世紀の南インド。

そこで問題は、彼らの服装である。彼らは上半身はだかどころか、白いゆったりとした、長袖で、足元にまで達するワンピースの衣装を身につけている。従者と考えられる男たちの衣装も似てはいるが、こちらは丈が膝のところまでである。高位者も従者も、腰のところには模様のついた帯のような布を巻き、頭には顔の長さより高い帽子をかぶっている。それまでの南インドの王宮のスタイルからすれば、ドラスティックな変化である。

ゆったりとした衣装の方は、ワゴナー博士の研究によれば、カバーイと言って元来はアラビア語のカバーに由来し、中近東からイランにかけてのイスラーム文化圏で用いられた衣装であるという。頭からかぶるためか、胸元には襟からスリットがあって、ボタンで留めるようになっている。トルコ風、イラン風など、幾つかの特徴的スタイルがあったようであるが、レーパークシの天井画に描かれているのは、最もオーソドックスなアラビア風のものであるという。つぎに、長烏帽子のような帽子の方は、クッラーイと言い、アラビア語のクラーに由来し、これもまたイスラーム圏の富裕

図66　ラージャラージャ１世（右）とバラモン詩人（王付司祭）。タンジャーヴールのシヴァ大寺内陣の壁画。

図67　レーパークシ寺院の天井画（16世紀）。

者によってかぶられていたものであるという。写真では余りはっきりしないかも知れないが、高価な彩錦を張り合わせてできている。

宗教信仰と文化

さて、ここで問題になるのは、このカバーイとクッラーイはともにイスラーム圏に見られ、イスラーム文化に属するものであるという点である。何故なら、ヴィジャヤナガルの王権はヒンドゥーの王権だからである。従来のヴィジャヤナガル史の研究では、ヴィジャヤナガル王国の果たした歴史的役割は、北インドとデカン北方からのイスラーム勢力の侵入を防いで、三〇〇年以上にわたって南インドのヒンドゥー文化を守りつづけたところにあるということがよく言われてきた。

それに対してワゴナー博士が強調するのは、

宗教信仰と文化は別であって、ヴィジャヤナガルの王権は、当時の国際化した南アジア社会の中で、その価値基準に合致する服装として、このようなイスラーム風文化を積極的に採り入れたのだという点である。彼はその今一つの証拠として、ヴィジャヤナガルの王たちが、ヒンドゥー王権の王としての種々の称号に加えて、「ヒンドゥー王たちの中のスルタン」というそれまで聞いたこともない称号を用いたことを挙げている。スルタンに宗教的意味が込められていたはずはなく、スルタンという語は、当時の国際社会にあって、一

図68　ヴィジャヤナガル遺跡。マータンガ山からヴィルーパークシャ寺院とトゥンガバドラー川を望む。

図69　ヴィジャヤナガルのロータス・マハル。ヒンドゥー・イスラーム両建築の融合を示している。

般に王権を意味する文化語であったのである。

荒教授は、その著『ヒンドゥー教とイスラム教』の中で、「ヒンドゥーとムスリムの、いわゆるコミュナルな対立関係は、宗教そのものの性格の違いに根ざすものがあったにせよ、現実の社会や政治の場では、むしろ、世俗的、非宗教的な面で見られた集団間のさまざまな利害関係に起因するものであり、それらによって促進されるところが多かったとい

図70　ヴィジャヤナガルのヴィッタラ寺歌舞殿柱の彫刻。クッラーイをかぶった人物が想像上の動物ヤーリにまたがっている。クリシュナデーヴァラーヤ王ともいわれる。

えるのである。」と述べているが、スーフィー聖者の墓廟に詣でるヒンドゥーの姿やカバーイに身を包み、クッラーイを頭にかぶったヴィジャヤナガル王宮の貴族たちの姿は、まさにそのことを示しているものといえよう。

スリランカにおいても、民族紛争勃発後には、シンハラ民族とタミル民族、あるいは、それと重なる仏教徒とヒンドゥー教徒の抗争が連綿と行われてきたという言説が見られるようになってきている。しかし、その点もすでに第7章において見たように、事実に反する。第1章で取り上げた「アヨーディヤ事件」の教訓が、ここで想起されなければならないのである。

参考文献

・荒松雄『ヒンドゥー教とイスラム教――南アジア史における宗教と社会』岩波新書、一九七七

・荒松雄『中世インドの権力と宗教――ムスリム遺跡は物語る』岩波書店、一九八九

・荒松雄『多重都市デリー――民族、宗教と政治権力』中公新書、一九九三

・辛島昇「仏教・ヒンドゥー教・イスラーム教」歴史学研究会編『世界史とは何か』（講座世界史1）東京大学出版会、一九九五

・R.A.L.H. Gunawardana, *Historiography in a Time of Ethnic Conflict: Construction of the*

Past in Contemporary Sri Lanka, Social Scientists' Association, Colombo, 1995

・Phillip B. Wagoner, "'Sultan among Hindu Kings': Dress, Titles, and the Islamcization of Hindu Culture at Vijayanagara," *The Journal of Asian Studies,* 55-4, 1996

9　海のシルクロードとインド――胡椒・陶磁器・馬

胡椒を求めたローマ帝国

今回のテーマは海のシルクロードとインドである。ユーラシア大陸の地図を見てみれば明らかのように、西方アラビア半島の方から東方にやって来る船も、逆に中国から西方に向かう船も、インド洋に突き出た大きな半島に突き当たる。インドは、海上ルートによる東西交易にとって格好の中継基地、東西の物資の集積地だったのであり、自らもコショウや綿布をはじめとして魅力ある商品を生み出してきた生産地、東西の船の目的地でもありつづけた。精神文化に目を向ければ、仏教・ヒンドゥー教を東南アジアにもたらしたのもインドであり、イスラーム教を受容して東南アジアへと仲介したのもまたインドであった。海のシルクロードでインドが果たした役割は多彩である。ここでは、時代を限って、紀元一～三世紀と、一三～一五世紀の状況について見てみよう。

プトレマイオスの著作など、紀元前後のギリシア・ローマの地理書には、インドについてのかなりの記述が存在する。とくに詳しいのは、『エリュトラー海案内記』という一世

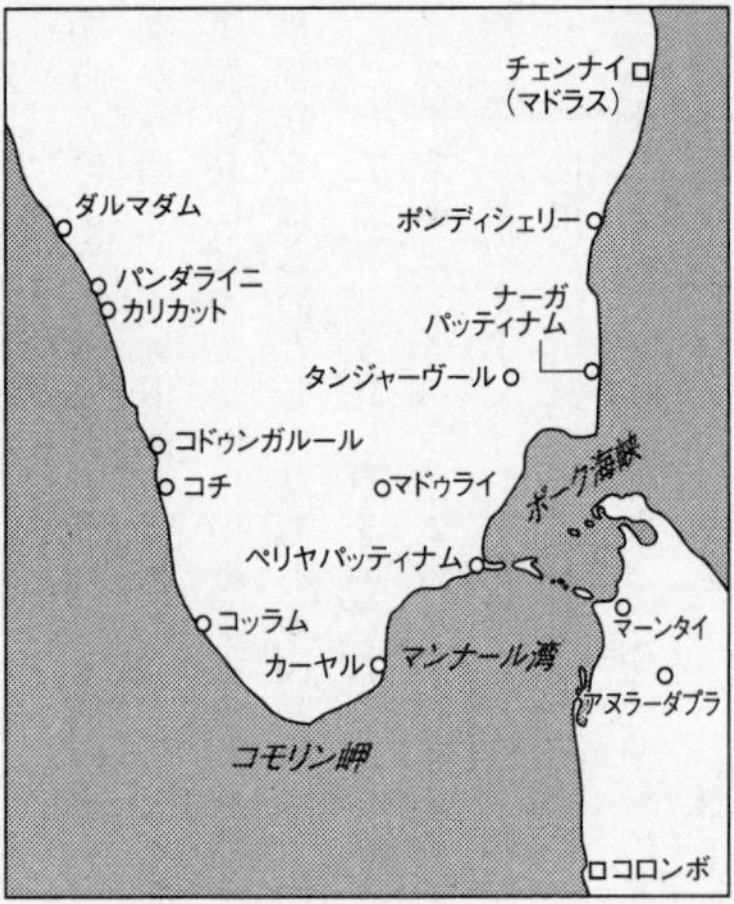

図71　南インド。

紀のギリシア語の本である。エリュトラー海とは、紅海から広くインド洋一帯を指していて、この本は、そこで商売をしようとする商人のためのガイドブックである。インドの半島部については、アラビア海側のムージリスや、ベンガル湾側のポドゥーケーなど、多くの港の名が挙がっていて、そこに行くにはどの方向に何日航海し、そこではどんな品物が取引されるといった情報が提供されている。最南端のコモリン岬では、「善男善女が集まって海に入って沐浴し」と、今日見られるのと同じ風習が、二〇〇〇年前のこととして記述されている。

さて、当時の半島南部には、チェーラ（ケーララ）、パーンディヤ、チョーラなどの、タミル人の王国があり、そこで生みだされ、「シャンガム（サンガム）文学」と呼ばれるタミル語古典文学の詩にも、このローマ貿易の描写が見られる。ある詩はムジリ（ムージリス）について、ペリヤール川の流れをあわ立てて、ヤヴァナ（ギリシア人）の船が入ってくる。
金貨を一杯積んでやってきて、コショウを積んでもどって行く。
ムジリの港は賑やかだ。

とうたっている。別の詩は、チェーラ王の宮殿で、金の腕輪をした貴婦人が、金のカップでぶどう酒（ローマからの輸入品）を飲みながら、うっとりとしている様をうたう。

図72　アリカメードゥ遺跡。陶器、ビーズ、ガラス製品、金属品などが、ローマの金貨を含む貨幣とともに出土した。

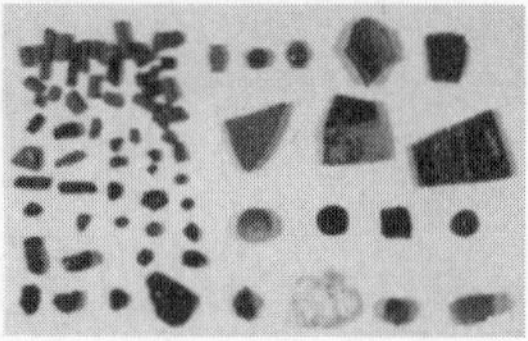

図73　アリカメードゥの出土品。

チェーラ王国のあるケーララは、今も有数なコショウの産地で、ローマの船は、詩に見られるように、コショウを求めてやってきた。スリランカ側のパーンディヤ王国では真珠が有名で、これも大いに求められていた。ローマの方からは、インド人が大好きな金やぶどう酒の他、ガラス、陶器などが運ばれ、トンボ玉のようなきれいな首飾りのガラス玉も珍重されていた。

一九四六年、当時まだ仏領だったポンディシェリーの発掘では、町の南を流れる川の辺りの少し高くなったアリカメードゥと呼ばれるところで、崩れたレンガの建物が掘り出され、そこから陶器片、ブロンズ製品、金貨その他の品々が発見された。そこはローマ貿易でにぎわった港町の倉庫であったと考えられ、さらに面白いのは、ポンディシェリーのタミル語名がプドゥッチェーリであることから、そこが『エリュトラー海案内記』にいうポドゥーケーであると推定されたことである。ギリシア語には、「チェ」の音がないので、それが「ケ」で写されたというのである。

黄金島を求めて海を渡ったインド人

そこではローマのものを模して作られた陶器片や大量のビーズが発見され、アリカメードゥは、それらの模造陶器やビーズ生産の中心地であったとも推定されている。そしてこの時代、ローマの品物やアリカメードゥで作られたビーズその他の製品が、さらに東方の東南アジアへと運ばれたのである。マレイ半島中部の遺跡（タクアパ、クラビ、ブジャン峡谷など）からは、ビーズその他が発見され、メコンデルタの遺跡（オケオ他）からは、ローマの金メダル、インドのブラーフミー文字の刻まれた小銅片、中国の青銅鏡などの他に、後代のブロンズ製ヴィシュヌ神像も発見されている。

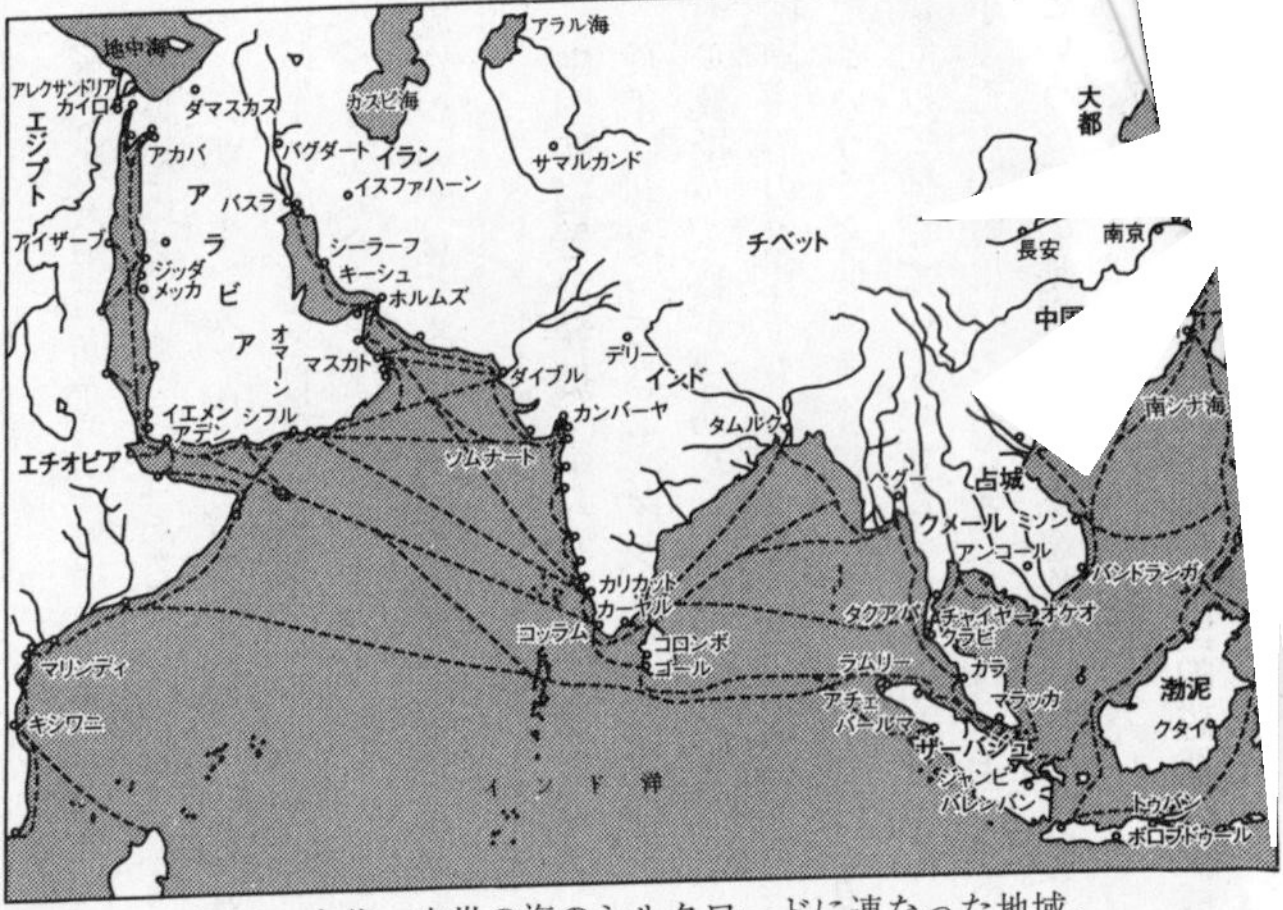

図74　古代・中世の海のシルクロードに連なった地域。

そもそも、紀元一〜三世紀にローマとインドの間の貿易が盛んに行われたのは、東西両地域での経済の発展によるものであるが、航海技術的には、船乗りヒッパロスによって、季節風を利用した航法が発見され、沿岸伝いでなく、比較的大型の帆船によって両地域を直接に行き来することが出来るようになったからである。そしてインドから先へも、インドの商人たちが乗り出していったのである。黄金島を求めて海を渡ったのは商人だけではなく、職人もいたらしく、クロントムからは、四世紀のブラーフミー文字でタミル人の金細工師の名が彫られた試金石が発見されている。

インドからは、そのような商人や職人に混じって、バラモン、仏僧といった宗教者も新天地に向かって船出をした。上述のオケオを含む東南アジアの各地から、主として四世紀以降のものではあるが、そのことを示す遺跡、遺物（ヴィシュヌ神像、仏像、シヴァリンガ、サンスクリットの刻文など）が多数発見されている。その動きはずっと続いて、後に土着の文化と見事に結びついたボロブドゥールやアンコールの遺跡となって結晶するのであるが、それはまたの機会に説明するとして、次に、一三〜一五世紀における東西交流について見てみよう。主役は陶磁器と馬である。

中国陶磁器の発掘――ペリヤパッティナム

長年にわたって私と南インド史について共同研究を行っているタミル大学のスッバラーヤル教授が、私が一九八五年にマドラスにいたときに、こんなものを発見したといって中国陶磁器の破片をもってきた。私は陶磁器の専門家ではないのだが、それが龍泉窯の青磁だというくらいはすぐに分かった。染付けもあった。発見したのはインドからスリランカに向けて伸びていく小さな半島の南側にあるペリヤパッティナムという漁村で、大学の用事で近くの町に行ったとき、その村で古銭が出るというので行ってみたら、見つけたのだり。村の地主が椰子園を作ろうとして掘ったら一杯出てきて、危ないからと塀の外に
磁器の権威、三《み》上《かみ》次男《つぎお》先生に見ていただくと、青磁は

一三・一四世紀の龍泉窯の立派な製品で、染付けは景徳鎮ということであった。それまで、インドの海岸からは中国陶磁器片発見の報告がほとんどなかっただけに、先生は大変に喜んでくださった。その重要性から、三菱財団の助力を得て調査隊が組織され、一九八七年四月、タミル大に発掘してもらう形で、日本の専門家を交えての調査が行なわれた。その結果、七つのテスト・ピットと表採により、およそ一五〇〇点の中国陶磁器片が得られた

図75　ペリヤパッティナム風景。中央はテスト・ピット。

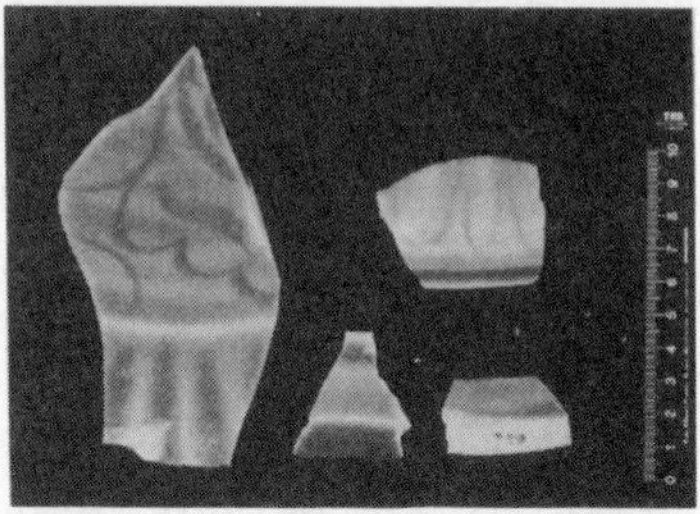

図76　ペリヤパッティナム出土の龍泉窯青磁片。

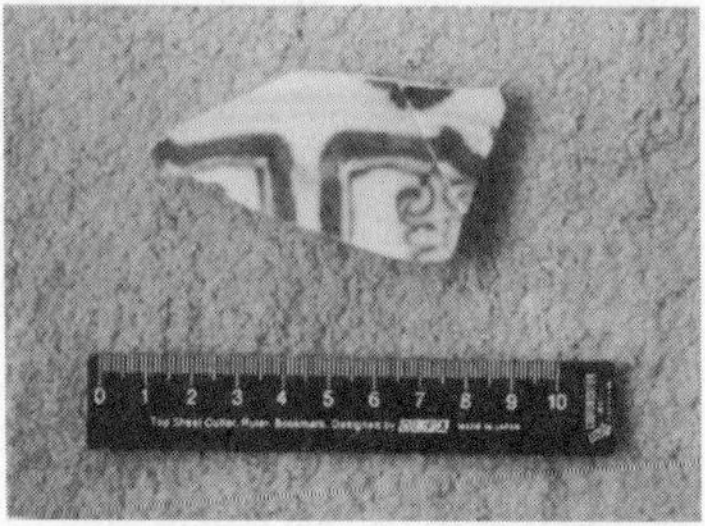

図77　ペリヤパッティナム出土の景徳鎮窯染付片。ラマ式蓮弁から元代と判明する。

種類	%	窯系	%
青磁	60	龍泉	35
		福建	25
白磁	15	徳化	10
		景徳鎮	5
染付	10	景徳鎮	10
褐釉	10	広東	10
不明	5		5

図78　出土中国陶磁器片の種類と割合。

のである。その内訳は別表のとおりである。

青磁と白磁については一三世紀とも一四世紀とも決めかねるものも多くあったが、年代決定で一つの決め手となったのは、約二メートル少々掘られたピットの底に近いところから、いわゆるラマ式蓮弁をもつ染付片が採取されたことであった。染付は一四世紀以降に見られるものであると同時に、ラマ式蓮弁は一四世紀の元代に特徴的な文様で、その破片が底に近いところから見つかったということは、青磁を含めてほとんどの陶磁器が、一四世紀にもたらされたことを示しているのである。なお、イスラーム陶器の破片も何点か見つかったが、年代ははっきりしない。

これだけの中国陶磁器片が出土する状況からすれば、今は小さな漁村に過ぎないこの土地が、かつては中国船も入港した大きな港町であったことは明らかである。実は、一三・一四世紀の中国史料には、『諸蕃志』『島夷誌略』のように、東南アジア、インドの港町や物産を記述しているものが幾つかあるのだが、この港はそこに見えるのだろうか。その点について私には、ペリヤパッティナムという村の名を聞いたとき、一つのアイディアが胸に浮かんだ。一四世紀の『島夷誌略』の中に「大八丹」という地があるのを記憶していたからである。

大体、「八丹」という語のつく地名は他にもあり、それが、現地の言葉で港や、交通の要衝にある都市を表す「パッタナム」、「パッティナム」の音訳であることは、これまでの研究によっても明らかである。問題は「大」が何を表しているかであるが、実は、ペリヤパッティナムの「ペリヤ」は、タミル語で「大きい」の意味なのである。そうなれば、中国人がペリヤパッティナムを漢字で示すのに際し、パッティナムは他と同じように「八丹」と音訳し、ペリヤは意味をとって「大」としたとは、考えられないだろうか。

この想定は、記事の内容によっても支持される。というのも、記事のはじめの部分に、その地は「相望むこと数百里。田平らにして稔り豊かなり」、終わりの部分にそこでは「海を煮て塩となす」という一節があり、これはペリヤパッティナムがあるコロマンデル海岸の情景によく適合するからである。これまでの研究者によって「大八丹」は、さほどの根拠なしにアラビア海側のマラバール海岸の港とされてきたのであるが、マラバール海岸では高い西ガーツ

> 國居西洋之後，名雀婆嶺，相望數百里。田平豐稔，時雨霑渥。近年田中生叢禾，丈有餘長，禾莖四十有八，穀粒一百三十，長半寸許，國人傳玩以爲禾王。民掘禾土移至酋長之家，一歲之上，莖不枯槁。後其穗自墜，色如金，養之以檳榔灰，使其不蛀。迨今存其國，時出曝之，以爲寶焉。
>
> 氣候熱。俗淳。男女短髮，穿南溜布。煮海爲鹽。地產綿布、婆羅蜜。貿易之貨，用南絲、鐵條、紫粉、木梳、白糖之屬。

図79　『島夷誌略』大八丹の条。

図80　ペリヤパッティナム南方の塩田風景。

山脈が海岸近くまで迫っていて、田んぼが連なり遠くまで見とおせるといった情景からはほど遠い。マラバール海岸で目立つのは水田ではなく、椰子の林である。また、ペリヤパッティナムの近くには、塩田が広がっている。

ただ不思議なことに、この「大八丹」は一四世紀の『島夷誌略』にだけ記述されていて、一三世紀の『諸蕃志』、一五世紀の『瀛涯勝覧《えいがいしょうらん》』には出てこないのである。しかし、詳しいことはここでは省くが、それには理由があって、ペリヤパッティナムは、一四世紀にだけマドゥライを統治したスルタンによって築かれ、特別の保護を与えられた港で、それ以前にはカーヤルその他の港が、そののちにはまた別の港が繁栄したように推定されるのである。

マルコ・ポーロも記す馬貿易

実は、一四世紀にこの辺りを旅行したイブン・バットゥータの記録に見える「ファッタン」という港町も、それがどこか諸説があってはっきりしないのだが、私はそのファッタンもこのペリヤパッティナムであったと考えている。その問題にもここでは立ち入らないので、興味のある方は参考文献を見ていただきたい。イブン・バットゥータは、マラバール海岸の港パンダライニについて、「中国船が冬を過ごす。」と述べているが、一五世紀初頭、鄭和の率いる大船団に随行した馬歓の『瀛涯勝覧』に記述される小葛蘭国（コッラム）、柯枝国（コチ）、古里国（カリカット）は、全てマラバール海岸の港である。

われわれの調査団はそれらの場所でも、一三世紀から一九世紀にわたる、多くの中国陶磁器片を採取した。パンダライニではやはりラマ式蓮弁のある染付け片を小規模な発掘によって得ることができたし、コッラム（クイロン）では、波打ち際で陸地が海に侵食されてできた断層から一四世紀龍泉の輸出用青磁片を取り出すことができた。コッラムは宋代の中国史料にいう故臨で、『嶺外代答』に「中国の舶商（海上商人）が、もし大食（イラン・アラビア）に往くことを望むなら、必ず故臨から小舟に乗りかえて往く」という記述が見られる。小舟は、中国船より一般に小型であるダウ船を意味している。

図81　中国船が風待ちをしたパンダライニ湾。

図82　パンダライニ出土の中国陶磁片。中央の染付片にラマ式蓮弁が見られる。

一三世紀から一五世紀初頭にかけての東西海上交流の発展を中国の方

から見ると、それは南方との関係が深まった南宋時代（一二世紀）に始まるのであるが、一三世紀末の元朝成立によって、東アジアから西アジアに至る広大な地域がモンゴルの支配下に入ったことが大きかったように思われる。元朝自身はイスラーム教を信奉したわけではないが、そこではイスラーム教徒が優遇され、行政官に多く登用されたこと、さらに、モンゴルの内紛によって東西を結ぶ陸路がふさがれたことも大きな意味を持っていた。一三世紀に陸路中国にやってきたマルコ・ポーロは、帰りは海路で、元皇帝からコカチン姫をイル汗国王の許に送り届ける役目を負わされて旅をしたのであった。

さて、前述のカーヤルはその折にマルコ・ポーロが訪れた港町で、調査団はそこでも一

図83　コッラム海岸。波にえぐられて断層ができている。

図84　コッラム海岸断層から採取した中国陶磁片。上部小片に大明萬（暦）の字が読める。左上方は菊花紋貼り付けのある龍泉窯青磁片（14世紀）。

三世紀と推定されるかなりの数の青磁・白磁片を拾っている。マルコ・ポーロはその町について、「カイルは立派な大都市で……西方のコルモス・キシ・アデンその他アラビア各地から馬匹その他の商品を船載してくる海船は、どれも皆この地に寄港する。」（愛宕松男訳）と述べている。このカイル（カーヤル）は、元来マドゥライを都に半島最南端を統治してきたパーンディヤ朝の港であったが、一三世紀当時は、確かに馬貿易で栄えていた。

図85　西方からの馬貿易船。ティルプダイマルドゥールのシヴァ寺院門塔壁画（16世紀）。

　馬貿易というと、少々とっぴに聞こえるかもしれないが、その背景には、当時のインドで戦争に際しての「戦術」の転換があったのである。それまでのインド、とくに南インドでは、象と歩兵が主力であったのだが、一三世紀にデリーにムスリムの政権が誕生して以来、騎兵が主力になるように変わってきたのである。上述の一四世紀マドゥライのスルタンも、実は、デリーのトゥグルク朝が遠く南インドまで遠征隊をおくり、パーンディヤ朝の勢力をマドゥライから駆逐してのち、そこを統治していた支配者だったのである。

　したがって、南インドの諸王朝

も騎兵隊増強の目的で、こぞって西アジアから馬を輸入した。南インドには元来馬はいなくて、飼育法も判らず、暑さによって直ぐ死んでしまうので、次々と補給しなければならない。マルコ・ポーロも述べているペルシア湾のキーシュ(キシ)島からは、年に一万頭もの馬がインドに向けて輸出されたという。香辛料は相変わらず東西交易の花形商品でありつづけたが、この時代、西アジアからは馬、中国からは陶磁器が、海をわたって大量に運ばれてきたのである。

実は陶磁器は、それを食器にも、副葬品にも用いないヒンドゥー教徒にとっては、魅力ある商品とは言いがたく、それが、これまでインドで中国陶磁片が発見されてこなかった理由と考えられるのだが、ムスリム商人が数多く港に住みつくようになり、一三世紀に政権までムスリムのものとなってくると、状況に変化が生じてくる。実は、マドゥライに遠征隊を送ったトゥグルク朝のスルタン・フィーローズシャーのデリーにある宮殿の庭からは、立派な元の染付の大皿が多数発見されているのである。マドゥライとの関係を考えれば、それらの大皿がペリヤパッティナムに陸揚げされ、デリーに運ばれた可能性が十分にあるのである。

海は人々を結びつけた

この時代、コカチン姫の例も示しているように、物だけでなく、人もまた海を渡った。

少し時代をさかのぼってみれば、一一・一二世紀の南インドに雄飛したチョーラ朝は、マレー半島に遠征隊を派遣し、中国に使節を送っていて、『宋史』には注輦（チョーラ）王羅茶羅乍（ラージャラージャ）の名が記されている。そして、中国の泉州には、一三世紀のタミル語の刻文が残っている。それによると、サンバンダ・ペルマールというインド人が元皇帝（？）の許可を得て、泉州にシヴァ寺院を建立したことが判明する。寺院の建立は多数のヒンドゥー教徒が居住していなければ、起こり得ない話である。スマトラ島西北岸のバルスには、一一世紀チョーラ朝時代のタミル語刻文が残っていて、樟脳貿易で栄えたその地にタミル人の商人ギルドが町を作っていたことが判る。

　さらに、チョーラ朝期の海港ナーガパッティナム出土のブロンズ製仏像台座に刻まれた刻文からは、商人ギルドのメンバーがその仏像を礼拝し、彼らが仏教と関連をもっていたことも判明する。先述の『島夷誌略』は、そのナーガパッティナムに同定される「土塔」の条で、そこには「咸淳三年（一二六七）八月畢工」と漢字で刻まれた石のあるレンガの塔があり、その文字は中国人が来て書いたのだと言われている、と記している。その塔は、一九世紀中葉に宣教師の手で破壊された、チーナ・パゴダ（中国寺院）と呼ばれた塔であったと推定され

図86　泉州発見のタミル語刻文。1281年のシヴァ寺院の建立を記す。

図87　19世紀中葉に描かれたナーガパッティナムのチーナ・パゴダ（中国寺院）スケッチ。

ている。

他方、イスラームの史料によると、一三世紀にパーンディヤ王国で宰相を務めていたのは、ペルシア湾のキーシュ島領主の弟であったということで、この時代、海は東西を確実に結び付けていたのである。紀元前後のころからインドは、東西を結ぶ国際的交易海上ネットワークの中心でありつづけたのである。

参考文献

・三上次男『陶磁の道――東西文明の接点をたずねて』岩波新書、一九六九
・辛島昇「中世南インドの海港ペリヤパッティナム――島夷誌略の大八丹とイブン＝バットゥータのファッタン」『東方学』七五（一九八八）
・辛島昇「十三世紀末における南インドと中国の間の交流――泉州タミル語刻文と元史馬八児伝をめぐって」『榎博士頌寿記念東洋史論叢』汲古書院、一九八八
・辛島昇「東西文明の十字路・南インド」『ＮＨＫ海のシルクロード』三、日本放送出版協会、一九八八
・家島彦一『海が創る文明――インド洋海域世界の歴史』朝日新聞社、一九九三

・蔀勇造「インド諸港と東西貿易」『岩波講座世界歴史6』岩波書店、一九九九

10 カレー文化論――南アジアの統一性

レストランでカレーを注文すると

今回は、カレー料理について記してみよう。まず問題は、カレーとは何かということであるが、それには私が聞かされたある話から始めるのがよさそうである。もうずいぶん前のことだが、南インド、マドラス（現チェンナイ）の日本総領事館に足を運んだときのことである。一人の若い館員が聞いてきた。「先生、インドのカレーライスは、白いんでしょうか、臭いんでしょうか」と。初め私にはその館員の言うことがよく判らなかったのだが、詳しく聞いてみると、つぎのようなことであった。

アメリカから着任して早々の彼は、ある日、日本の代議士を車で一時間ほどのマーマッラプラムに案内することになった。海岸の岩山に石窟寺院があったりする遺跡で、小さいながら日本で言えばちょうど鎌倉といった、格好の観光地であった。遺跡見物に満足した代議士は、観光で気も軽くなったのか、ここでカレーライスが食いたいと言いだした。インドにきて以来、ホテルの中華料理か、公館の日本料理しか食べていなかったからである。

困ったのは館員である。着任早々のホテル住まいで、自分もまだカレーを食べたことがなかったからである。

　しかし、代議士の希望では断れない。ままよと近くのレストランに入って、ボーイに、カリーアンドライスと注文してみた。ところがボーイはキョトンとして立ったままである。自分の発音が悪いのかと、館員は、アメリカ流の巻き舌で、カールリアンドライスと何回も繰り返すと、ボーイはやっと判ったという風情で、にっこりして立ち去った。ほっとして待つことしばし。やがてボーイが運んできたものを見て仰天した。スープ皿の中に白いお粥のようなものが入っているのである。ボーイにこれがカレーかと聞くと、イエスサーと言って、にっこりしている。

　代議士も怪訝な顔だが、ともかくスプーンで掬って口に持って行くと、むっとして臭いにおいがする。とても口には入れられない。代議士も、「君、これがカレーかね」とご機嫌ななめで、文字通りさじを投げ出してしまった。二人はレストランを出て、ほうほうの態でマドラスに逃げ帰り、ホテルの中華料理で一息ついたのだと言う。その一件があった直後に私がマドラ

図88　マーマッラプラムの海岸寺院（8世紀）。

図89　ご飯の最後にヨーグルトを混ぜて食べているお巡りさん。

スを訪れたので、先ほどの質問になったのであった。

そう説明されても、直ぐには判らなかったが、しばらく考えているうちに、やっと合点が行った。ボーイがもってきたのは、ヨーグルトご飯だったのである。ご飯にヨーグルトとカルダモンなど少量のスパイスを混ぜ合わせた料理は、しばしば食卓に上る。大体、南インドでは食事の最後に、ヨーグルトをご飯にかけて食べるのが普通で、日本で言えば、お茶漬けの感覚である。簡単なお昼など、それで済ませることがあり、レストランでこれだけを注文しても、一向におかしくない。白くお粥のようで、というのはまさにそうだし、口にもっていくとむっと臭いというのは、ご飯が温かったりすればそうである。

しかし、問題は、カリーアンドライスと言って、なぜそれが運ばれてきたかである。第一の理由は発音である。実は、ヨーグルトの英語名は「カードゥ」(curd)なのであるが、インド人はアールの音を強く発音するので、マイ・カーなどと言うときの「カー」は、「カール」と言っているように聞こえる。したがって、カードゥは、カールドゥのように発音される。館員が巻き舌で発音したカールリがボーイによって、カールドゥのように理解されたのである。

でも、問題はさらにその先にあり、いくらカールリがカールドゥのように聞こえるからと言って、ボーイがカリーアンドライスを理解できれば、それをカールドゥアンドフイスと間違うことはなかったのではなかろうか。ボーイはカリーアンドライスを理解できなかったのである。それは何故か。インドにはカレーライスなるものがないからである。では、インドのカレーとは一体何なのか。

カレーとは何か

最近ではインドでも、カレー粉のような出来合いのカレーパウダーがはやってきているが、伝統的な調理では、カレーはいろいろの生のスパイスを石臼で引き合わせて、ペースト状に作っている。カレーには欠かせないウコンはショウガのような形だし、クミンは籾のようで、コショウ、コリアンダール、マスタードはみな粒状である（コリアンダールは葉も用いるが）。その他にもいろいろの形状のスパイスを、主婦は毎日石臼でごろごろとすりつぶしてペーストを作り、それを料理の味付けに用いるのである。煮物に入れたり、野菜をいためたり、あるいは、焼き魚に塗ったりする。お煎餅のようなお菓子の味付けをしたりもする。

図91　石板でスパイスをすりつぶす女性。

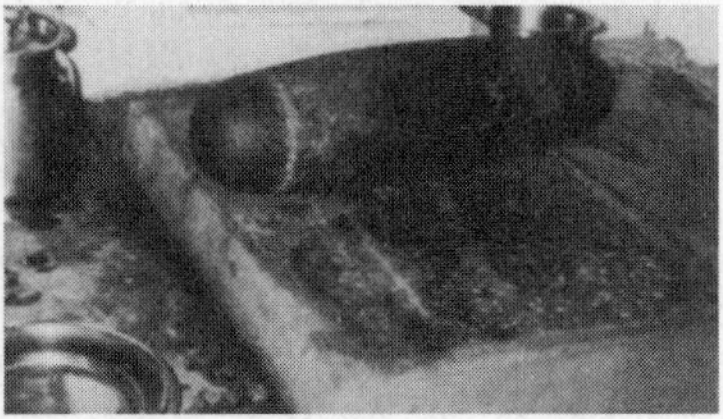

図90　台所に造りつけの石板。

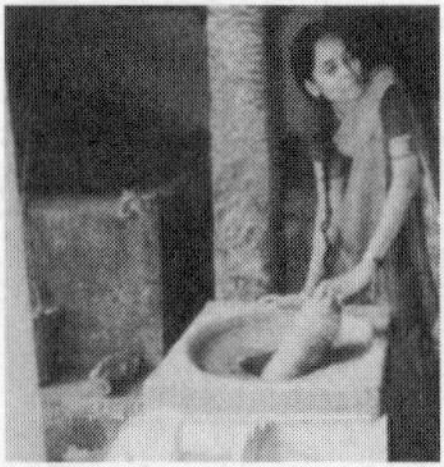

図93　大きな石臼。チェッティナードゥ（南インド）。

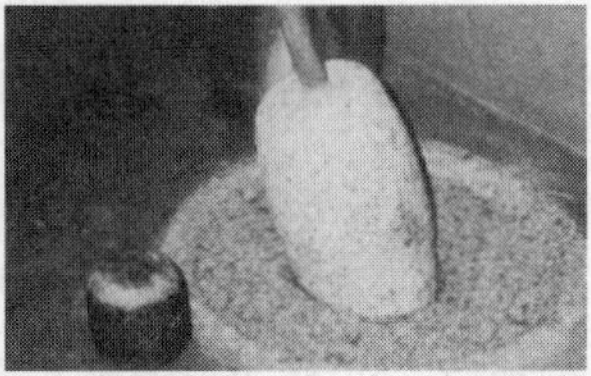

図92　台所の床に造りつけの石臼。

ということになれば、それはたくさんのスパイスを用いた総合混合調味料であって、言ってみれば、日本料理のショウユのようなものである。そこまで判れば、ボーイがカリーアンドライスと言われてキョトンとした訳が、理解できようというものである。それは、日本のレストランで、「ショウユご飯を下さい」と言われたようなものだったからである。

図94　粉にしたスパイスを売る店。

図95　生のスパイスを売る店。

インドには、カレーライスという一品料理はないけれど、インドの料理はほとんど全て、カレーで味付けされているのである。そこでつぎの問題は、そのようなカレーを調味料とする調理法が、一体いつどこで始まり、どのようにしてインド全体に広まっていったのか、という問題である。

歴史をさかのぼる

仏陀が苦行の無意味なことを悟って山を降りたとき、スジャータという娘が差し出したのは、乳糜《にゅうみ》であった。仏典にはパーヤサと記されているが、それは乳粥《ちちかゆ》のことで、今日のインド料理にも、パーヤサは、ミルクを用いた甘いデザートとして残っている。仏典にはその他にオーダナという名の乳粥も言及されていて、どうもスパイスの効いたカレーの味とはほど遠い。スジャータの話は紀元前五〇〇年にもさかのぼる話で、それからは一〇〇〇年以上の月日が経ってはいるが、ガンジス川中流域の僧院ナーランダーで修行を積んだ七世紀の中国僧、玄奘と義浄は、それぞれ『大唐西域記』と『南海寄帰内法伝』の中で、インドの食事について、つぎのように書き残している。

食事というよりは食物についての記述だが、前者には、「乳酪（ヨーグルト）、膏酥（ギーと呼ばれる溶かしバター）、砂糖、石蜜（氷砂糖）、芥子油、いろいろな餅麨（小麦粉の製品）は、普段食膳に供するもの」とあり、後者には、「北方では麺（麦の製品）、南方では麨（むぎこがし）が多く、摩掲陀国（ガンジス川中流域）では麺が少なくて米が多い。南方、東方も同様で、酥油（ギー）と乳酪はどこにでもある」と記されている。ここでも目立つのは、乳製品であり、それと、麦である。ガンジス・ジャムナー流域を中心とする北インドでは、今でも主食はチャパティー、パロータのような小麦原料の薄焼きパンである。

一方、五世紀ころに成立したスリランカの王統史『マハーヴァンサ』によると、インドからやってきた王家の開祖ヴィジャヤは、到着したとき「スーパと共にご飯を食べた」と記されている。このスーパは実は英語のスープと同語源で、種子その他を刻んだり、つぶしたりして作るソースのようなものらしく、今日の南インドでポピュラーな汁状のカレーかどうかは判らないが、玄奘や義浄の述べるところよりは、多少ともカレーに近いものだったのかも知れない。ただし、一三世紀の南海について記す中国史料『諸蕃志』には、南インドの王国の話として、「人々は酥（ギー）、酪（ヨーグルト）、飯（こめ）、豆（ダール）、菜を多く食べていて、肉や魚はあまり食べない」と記されていて、一五世紀の『瀛涯勝《えいがいしょう》覧《らん》』では、半島南部アラビア海側の話として、「なすやかぼちゃなどの野菜が食べられ、ギーをご飯にかけて食べる」などと記されている。この二つの史料では、カレーの匂いが消えて、目立つのは乳製品である。

一三世紀にインドの半島を廻ったマルコ・ポーロも、スリランカの人々は「米、乳、肉を常食とし」、西インドのバラモン行者については「もっぱら米と乳のみを常食とする」

と述べている。一四世紀に旅をしたイブン・バットゥータは、ゴアの南のムスリムの領主に招かれたときのこととして、「銅のお皿によそわれたご飯にギーがかけられ、胡椒と青生姜とレモンとマンゴーからなるピクルス（これは恐らくカレー味で辛い）がそえられ、ご飯を少し口に入れてはピクルスを少量食べ……つぎにまたご飯とチキン料理が何種類か出され、その後に今度は何種類かの魚料理が出て、それでまたご飯を食べ、つぎにはギーと乳製品で調理された野菜料理が出て、最後にヨーグルトが出た」と記している。ただ、残念ながら、どんな味付けだったのかは述べていない。

時代が下って一六世紀にインドにやってきたヨーロッパ人の記録ともなると、味への言及もあり、これはもう立派なカレーである。一六世紀末ゴアに滞在したリンスホーテンは、つぎのように書いている。

「彼らの魚のほとんどは、米と一緒に食べられる。彼らは魚をスープに入れて煮て、それをご飯の上にかける。味付けはあたかもグーズベリーや未熟のブドウの中につけられていたかのようにすっぱいが、それでも中々よい味である。」南インドでは、サンバ、クリャンブなどといって、汁状のカレーをご飯にかけて食べるのが一般的で、このリンスホーテンの記事は、まさにそれを指している。少し遅れてゴアに布教にやってきたグウヴェア師も、「彼らの通常の食事は、炊いたご飯と何種類ものスープ状のもので、彼らはそれをご飯にかけて食べる。」と記している。

カレーの成立

では南インドでは、一体いつごろからこのようなカレーの食事をするようになっていたのであろうか。食事に関しては、土着の史料には意外と記録がないものなのであるが、九世紀の刻文につぎのようなものがある。半島南端部の支配者パーンディヤ王がシヴァ寺院にお金を布施して、いろいろの供養をやらせることを記録した刻文（石造寺院の壁面に刻まれた）なのだが、その中に、神様にささげる食事の作り方と材料を記した部分があるのである。それによると、野菜料理には、生野菜、タマリンドという酸味で調味した野菜、ゆでた野菜、炒めた野菜、の四つの別があり、それらとの関係はよく判らないが、クーットゥと呼ばれる料理があって、それはヨーグルトとカーヤムという調味料で作るという。そしてそのカーヤムは、コショウ、ウコン、クミン、マスタード、コリアンダールの五点によって作るとされているのである。

カーヤムの組成である五つのスパイスは、先に述べたように、カレーのための基本的スパイスである。その他にも、もちろん、クローブ、カルダモンその他、何点ものスパイスが加えられるのが普通だが、この五点は、それがなくてはカレーが成り立たないほど重要なスパイスである。それが九世紀の刻文に記されているということは、すでにその時代の南インドで今日のカレーとほぼ同じ、総合混合調味料としてのカレーが出来上がっていたことを意味している。

カレーの成立は、スパイスが豊富で、東西を結ぶ海のシルクロードの中心に位置し、東南アジア産のスパイスをも含めて世界的なスパイス市場を形成した「南インド」においてであって、それが徐々に北インドにまで広まったものと思われる。そのような南インドのカレー（スパイス）に対して、北インドの食事の中心的要素は、ミルクである。これは最後に来住したアーリヤ民族が、

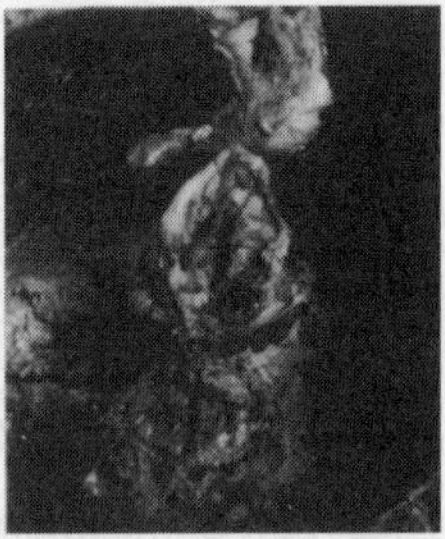
図96　タンドーリー・チキンを焼く。

基本的には遊牧の民であったこととも関係していよう。このような食文化における北と南の対立は確かにあって、現在インドで食べられている菓子とスナックの名称を調べると、甘いもの（ミルクで作る）は全てアーリヤ語に起源をもち、辛口のもの（カレーの味つけ）はすべてドラヴィダ語に由来するという。

ここで注目すべきことは、恐らく南北それぞれ独自に発達した食文化が、その後の時代にインド亜大陸全体に広まっていったことである。北インド料理の一つの典型は、ムガルの宮廷料理である。ムガル朝は一六世紀からデリー・アーグラを中心に北インドを支配したムスリムの国家で、ムスリムの食べられない豚肉を除けば、肉食に対する禁忌がなかっただけに、宮廷で発達したのは肉料理である。一晩ヨーグルトにつけた鶏肉を土釜で焼き

上げるタンドーリー・チキン、マトンをヨーグルトで煮こんだマトン・コルマなどに代表されるそれらの料理には、ミルクと共に、スパイスの味が効いている。北インドの一般家庭で食べられ、サブジーと総称される野菜料理も、一般にカレーの味付けによるものである。

ひるがえって、南インド料理の中に乳製品が入り込んでいる状況は、冒頭に記したカードゥライス（ヨーグルトご飯）のもつポピュラリティーによって示されている。九世紀の刻文にもヨーグルトが記されている。そして、その南インドへの入り方がアーリヤ人のバラモン文化と共にであったことは、先述のマルコ・ポーロの、バラモン行者への言及からも窺えよう。このように、長い歴史の時期を通して、スパイスも乳製品も、共にインド亜大陸全体の食事の中に入り込んでいるのである。

図97　薄焼きパンのチャパティを焼く。

多様と統一

実は、インドの食文化は、容易に想像されるように、大変な多様性をもっている。主食にしても、義浄が観察したように、北インドは小麦を原料とするパンの系統で、南インドは、全地域、全社会層によって米が食べられる訳ではないにせよ、一般には米が主食で、そ

図98　南インドのヴェジテリアン・ターリ。

れが汁状のカレーを生み出している。油にしても、アラビア海に面した半島海岸部ケーララ地方やスリランカでは椰子油を用い、他のところでは、ゴマ油、あるいはマスタード・オイルといった風に、地方によって異なっている。さらに、食文化の上で重要性をもつのは、人々の間に肉食・菜食の別があることであり、厳密に菜食を守るジャイナ教徒の他、ヒンドゥー教徒の多くも菜食をしている。インド航空に乗れば、食事の際に、ヴェジテリアンかノン・ヴェジテリアンかと聞かれるのは、そのためである。魚を食べる人間もまた限られるし、卵を食べるかどうかもまた大きな問題となる。スリランカ料理では日本の鰹節《かつおぶし》に似たモルディブ・フィッシュが味の決め手に用いられる。

しかし、そのように、大変な多様性を示すインドの食文化も、味付けとなるとカレーであり、カレーこそが、その多様な南アジアの食文化に一つの「統一性」を与えているのである。

この統一性とは、すでに別の章で取り上げたように、実はたくさんの言語が話されるインドにあって、それらの言語が系統を異にするにもかかわらず、発音や文法など、様々な面で似てくるという意味での統一性と同じであり、また、時代、地域、宗教などによって物語の構成に違いを見せながらも、ラーマ物語がインド文化に一つにまとめるという統一性とも同じである。われわれは、このインド文化に見られる統一性にも十分の注意を払わなければならないのである。

参考文献

・辛島昇「九世紀のタミル語刻文に見るヒンドゥー寺院での供儀」塚本啓祥教授還暦記念論文集『知の邂逅――仏教と科学』佼成出版社、一九九三
・辛島昇・辛島貴子『カレー学入門』河出文庫、一九九八
・辛島昇「〈インド文化〉は存在するのか」辛島昇・高山博編『地域の成り立ち』（地域の世界史3）山川出版社、二〇〇〇

11　ベンガル派の絵画と日本――タゴール・岡倉天心の交わり

天心のカルカッタ訪問

今世紀の初頭、アバニーンドラナート・タゴールをリーダーとするインド・ベンガル派の画家たちと、岡倉天心率いる日本美術院の画家たちとの間に、深い相互の理解と友情につつまれた交流が行なわれた。今回はそれについて見てみよう。岡倉天心がインドの地を訪れたのは、彼が東京美術学校校長の職を追われ、根岸に日本美術院を興してから三年ほどたった、一九〇一年のことであった。彼は有名な詩人ラビーンドラナートを擁するタゴール家に寄寓するような形でほぼ一年をカルカッタで過ごしたが、その間にいろいろの人々と親交を結んでいる。有名な宗教家ヴィヴェーカーナンダもその一人であったが、その交わりはヴィヴェーカーナンダの早世によってはかなく終わってしまった。

親しい交わりがと言っても、天心の死は一九一三年、彼が五二歳のときであったから、決して時間的に長かったわけではない。しかし、タゴール家の人々との交わりは、多くの確実な実りをもたらしている。それはもちろん、一つには、天心と詩人ラビーンドラがお互いの魂の中に、共に認め合う何ものかを見出したことによっていよう。しかし、それと同時に、彼らがおかれた歴史的状況自体の中に、政治的には日本とインドの知識人を結びつける一つの絆があり、また、美術の面においても、日本とインドを結びつける共通の事情があったからである。天心だけではなく、その弟子の菱田春草、横山大観、さらに荒井寛方といった錚々たる画家たちが、インドと深い交わりを結んだのである。

図99　下村観山描く「天心岡倉先生像」（部分）（東京藝術大学蔵）。

一九〇一年といえば、日清戦争から日露戦争に向かっての時期であり、日本も西洋が突き進んだのと同じ道を進もうと懸命の努力を傾けているときであった。インドでは一八八五年に第一回の国民会議が開催され、来るべき一九〇五年のベンガル分割を契機とする独立運動高揚への予兆が見られはじめていた。カルカッタは当時のインド帝国の首都であり、あらゆる先進的な動きはその地にはじまった。宗教・社会改革運動としてのブラフマ・サマージの運動もそこではじまり、

図100　詩人ラビーンドラナート・タゴール。

詩人ラビーンドラの父はその中心人物であった。ベンガルきっての豪商タゴール家は、頭脳と芸術的才能に恵まれた錚々たるメンバーを輩出し、ジョラションコにある邸は、ベンガル・ルネッサンスと呼ばれる文芸復興運動の中心となって、熱気にあふれていた。

「アジアは一つなり」という有名な言葉ではじまる『東洋の理想』の草稿を携えて天心がのりこんだのは、そのような政治的独立運動と文芸復興運動とが交錯するカルカッタであり、彼が寄寓したのはタゴール家であった。彼がそこで深く共鳴し合う響きを聞きとったのは当然の成り行きであった。秘密結社的組織を作って独立のための戦いを挑もうとしていたベンガルの若者たちと、彼がどの程度、どのような関係をもったかは、今後の研究課題であるが、彼の存在が彼らに刺激を与えたことは、これまでの研究がすでに指摘するところである。以下では、美術の面に限って、彼らの関係を見てみよう。

大観・春草のインド滞在

天心は単なる模倣としての洋画教育の導入に反対し、日本古来の伝統を生かしつつ新しい美術を創造すべく日本美術院を結成していた。それと同様にタゴール家の人々が求めていたものも、西洋から押し付けられたり、西洋を模倣するのではなく、インド古来の伝統に根ざしながら、なお新しい文学、新しい芸術を創造していくことであった。天心とタゴール家のメンバーが、芸術の分野において自分たちの成し遂げようとしていることの同一性を認識したのは、ごく自然の成り行きであった。

インドでは、ムガル朝支配の時期、ペルシア絵画の影響の下に新しい細密画の伝統が築かれたが、その後は戦乱とイギリスの支配下におかれ、芸術における内発的な新しい発展は全く見られなかった。一九世紀後半に入ってイギリスは、カルカッタ、マドラスといった植民地支配の拠点に美術学校を開設しているが、そこで教えられたのはイギリス流の写実的油絵の技法であった。それ以前から、インドを統治した知事や総督たちは、自分の肖像画を描かせるために西洋人の画家を雇い、インドの藩王たちも、それに習って彼らをお抱え絵師として雇っていた。彼らの中に優れた画家がいなかったわけではないが、その多くは単なる肖像画家でしかなかった。

そのような状況の中で、詩人ラビーンドラの甥、アバニーンドラナート・タゴールは、外国のものであるイギリス流絵画とは違った、伝統的でしかも新しい絵画の創造を模索することになったのである。彼はサンスクリット・カレッジに学んだが、小さいころから絵画と音楽に才を示し、伝統的な主題に沿いつつ、自分の流儀で絵を描きはじめていた。彼にとって幸いだったのは、当時のカルカッタの美術学校長ハヴェルが、異例のことながら、

図101　画板をひざに絵を描くアバニーンドラナート・タゴール。彼はイーゼルを用いなかった。

図102「ルバイヤート」挿画。アバニーンドラナート・タゴール。

伝統的インド美術の理解者で、その助力をも得られたことである。彼は美術学校には通わなかったが、個人的に水彩画、パステル画などを習いつつ独自の道を切り開き、その周りには多くの才能ある若者たちが集まってきていた。

彼らはやがて一九〇七年にインド東洋美術協会を設立することになるのだが、それより早く、彼と天心との出会いがあったのである。天心は、アバニーンドラと出会うと、彼らと自分たちの抱えている状況が同じであることを即座に理解し、彼らに助力すべく、また、彼らからインド美術の伝統を学ぶべく、一九〇三年には日本美術院の高弟、横山大観と菱田春草の二人をインドに送り込んでいる。二人の直接の目的はアッサム地方のトゥリプラの王宮に行って壁画を描くことであったが、天心らの行動に疑いの眼を向けたイギリス官憲の妨害にあって行くことが出来ず、彼らはずっとカルカッタに留まったのである。

二人がカルカッタに留まったのは、日印画壇の交流にとっては恐らく幸せなことであったが、王宮からの報酬を当てにしていた春草と大観は路銀に窮することになり、タゴール家のはからいで、絵を描いて、それを展覧会で売ったのである。多くの絵は実はタゴール家によって買い上げられたのだが、後にある日本人がそれらを買い戻し、日本に送っている。ところが残念なことに、それらは東京帝室博物館に収められる直前、関東大震災により焼失してしまった。

春草の描くシヴァとパールヴァティー

しかし、彼らの描いた絵の何点かは、今でもインドに残されている。実は私は、その展覧会の絵ではないのだが、春草がカルカッタで描いたシヴァ神の絵をデリーで見たのである。インドの優れた陶芸家、故ガウリ・コースラ女史の祖父J・P・ガングーリーは詩人

図103　菱田春草がカルカッタで描いた「シヴァとパールヴァティー」（コースラ氏蔵）。

タゴールの甥で、当時美術学校を出たばかりの肖像画家だったのだが、春草は時々遊びに来ては、彼の家で絵を描いていたらしい。ある日、インドの伝説を描きたいというので、瞑想中のシヴァ神に山の娘パールヴァティーが花を捧げたところ、目を開いたシヴァ神がその美しさに魅せられ、また後にその真心に心を動かされて結婚したという物語を聞かせた。春草はそれに感動して一気に一枚の絵を描きあげたという。

祖父からその絵を受けついでコースラ女史が大切にしてきた、三〇号くらいの絹張りの絵を見せてもらったのである。岩の上で座禅して瞑想するシヴァ神に、霧の中を飛翔するかのようなパールヴァティーが花を捧げ、その花びらがはらはらと舞い落ちる様を描いた大変に美しい絵である。ただ、この現在の絵は、実はコースラ女史が生まれる前に下部を切り取られているのだそうである。つまり、原画はもっと長かったのを、壁に懸ける都合か何かで切られてしまっていて、春草の落款がないのは、そのためと思われる。

春草が、一気にその絵を描き上げたという逸話と、その絵の素晴らしさは、それだけで春草や大観がインドの画家たちといかに親密な付き合いをしたかを、雄弁に物語るものであるが、アバニーンドラは、その随想『ジョラションコ界隈』のなかで、春草や大観たちについて、つぎのように記している。「外国（日本）の芸術家とこの国の芸術家の間にはなんの相違もなかった——それほどの友情が私たちの間にはあった。」さらにまた、アバニーンドラは、「大柄の大観に比して小柄の春草が、どう見ても少女のようにしか見えなかったので、われわれは大観夫人といってからかった」とも記している。

荒井寛方とナンダラール・ボース

このような飾らない深い友情は、さらにその先で、アバニーンドラの高弟ナンダラール・ボースと日本美術院の影響下にあった画家、荒井寛方の間にも生み出されたのである。詩人ラビーンドラは、天心が没した後の一九一六年、アメリカに行く途中ではじめて来日し、数ヶ月横浜に滞在した。その折、下村観山の作品に魅せられた詩人は、その代表作六曲屏風一双の「弱法師」を実物大で模写してくれるように懇望し、その模写役に選ばれたのが若い荒井寛方であった。詩人は模写の間、度々その現場を見に行って、日本画の技法の優れていることに感心し、また、寛方の人柄に惚れこんで、完成後にその模写をカルカッタに送らせたのみならず、寛方をインドでの絵画指導に招いたのである。

インドにあこがれていた寛方は、精力的に墨絵、日本画の教授を行い、また、自らも進んでインド絵画の勉強を行なっている。詩人に人柄を見こまれただけあって、誰とでもうちとけ、インドの食生活にもすぐに馴染んだらしい。また、大観も春草もそうであったらしいが、常にスケッチをして歩き、花や木、また、インド人の日常生活に大いに興味を示したという。タゴール家は寛方を邸内に新しく建てたビチットラ館に泊めて便宜を図ったが、そこで彼はアバニーンドラの高弟ナンダラール・ボースと親交を結ぶことになる。

ボースは、詩人タゴールがシャーンティニケータンに建てた学院、後のヴィシュヴァ・バラティ大学の美術学部長として活躍したが、彼と寛方はほぼ同年で、寛方もその学院で教えたので、二人は常に一緒で、深い友情が築かれたのである。詩人タゴールの第二回来日（一九二四年）の際には、一行の中にボースがいたのであるが、彼は一人寛方の家に泊まったという。大観、春草、寛方以外にも、このころインドを訪れた日本の画家は意外と数多く、それぞれがそれぞれの影響を与え、また影響を受けているのであるが、寛方の滞在は三年におよび、彼の技術、人柄、勤勉さによって、誠に大きな影響をインドの画壇に与えたのであった。

図104 「蓮葉観音」荒井寛方（栃木県立美術館蔵）。

詩人タゴールがカルカッタを去る寛方に贈ったつぎの詩（我妻和男訳）は、彼らの触れ合いがいかに深かったかを物語っている。

荒井寛方氏へ
愛する友よ
ある日、君は客人のように
私の部屋に来たった。

今日、君は、別れのときに
私の心の内奥に来た。

天心の死・ベンガル派

話を天心にもどすと、彼は、大観・春草をインドに送りこんだ翌年、ボストン美術館の要請で、その中国・日本部顧問に就任し、以後、アメリカ、日本、中国の間を行ったり来たりするようになった。アメリカ滞在中に出版した『茶の本』は大きな反響を引き起こしている。一九一二年には再びカルカッタを訪れたが、ボストンに帰任後、それまで患ってきた糖尿病が悪化し、翌年には帰国した。その後半年を経ずして天心は、人々に惜しまれつつ、赤倉の山荘で五二歳の生涯を閉じたのである。

実は、この再度のカルカッタ訪問に際して彼は、若くして夫と死別したベンガルの閨秀詩人プリヤンバダ・デーヴィーと知り合った。二人には何か通い合う淋しさのようなものがあったのであろうか、アメリカとインド、天心の帰国後は、日本とインドの間で、数多くの手紙が交わされた。それらに記された二人の心の通い合いは、天心とインドの関係の最後を飾るにふさわしい出来事であったが、それについては大岡信氏の著作に譲るとして、ここでは、インド近代絵画史におけるベンガル派の位置づけについて述べよう。

ベンガル派をどう定義し、誰をその派の画家として挙げるかは少々難しいが、アバニーンドラを総帥として、その周りに集まったベンガルを中心とした画家たちだということになろうか。ナンダラール・ボースをその第一の高弟として、ムクル・デー、キシュティンドラナート・マジュムダール、ビノーダ・ビハーリ・ムケルジー、D・P・ライチョードゥリ、アシット・ハルダール、サマーレンドラナート・グプタ、A・R・チュグタイ、K・ヴェンカタッパなどの名が挙がり、さらに、アバニーンドラの兄ガガニーンドラナート・タゴールも、傾向は異なるが、彼らの運動に重要な役割を果たしている。

彼らの運動は、ともかく、総帥アバニーンドラの個人的資質と、そのいろいろな試みに負うところが大きい。彼はインド絵画の伝統から全く離れることなしに、近代的絵画を創造すべく、いろいろの試みを行っている。第一に挙げられるのは、その空間処理であろう。伝統的絵画では、古代の壁画でも、ムガルの細密画でも、空間はすべて埋められてきたのを、意図的に省略する方法を取り入れている。ここには、日本画、中国画の影響を見て取ることができる。第二に、西洋紙に水彩絵の具で描いたものを、水に浸してぼかし、乾いてから再び描く、いわゆる水洗画法を創出している。それを何回

図105 「毒を飲むシヴァ」ナンダラール・ボース。

図106 「祝福」スレンドラナート・ガングーリ。

図107 「商人」アシット・ハルダール。

もくり返すのであるが、これは、大観たちの日本画の筆遣いがたっぷり水を含んでいるところから、ヒントを得たと言われている。

ベンガル派のすべての絵画がこれらの手法によって描かれているわけではないが、それはベンガル派絵画の重要な特徴を生み出すことになった。すなわち、この二つの手法は、それまでのインド絵画の伝統を継承（例えば、神話的主題の共通性）しながらも、画家個人の主観を際立たせ、それに基づく情感を生み出すことを可能にしたのである。多くの批評家は、そこにベンガル派絵画の近代性を見出している。ただ、誰をもって、あるいは、どの派をもってインド近代絵画の生みの親であるかという点になると、いろいろに意見が分かれる。

絵画の近代化・インドと日本

アバニーンドラの他に、彼の高弟で幅広い活躍をしたナンダラール・ボース、ケーララの王族出身で、いち早く油絵の技法をマスターしたラージャ・ラヴィ・ヴァルマ、画家としても有名な詩人のタゴール、ユーゴ人を母としてパリで学び、インド画壇に彗星のように現れて夭折したアムリタ・シェールギル、といった名も挙がってくる。ラヴィ・ヴァルマは確かに油絵の技法を完全に習得し、デッサン力にも優れていたが、画面の構成が描写的で、今日流行の神様や神話を描くポスター絵の元祖となっている。肖像画には優れたものが見られるが、近代絵画の父というには近代性に欠けている。

図108 「月光の中の婦人」ラージャ・ラヴィ・ヴァルマ（ニューデリー国立近代美術館蔵）。

詩人タゴールは六〇歳を越えてから絵を描きはじめ、数多くの作品を残している。抽象性と精神性を示す独自の世界を築き上げ、近代性は十分に認められるものの、余りにも独自過ぎて、影響力の点で疑問が残ろう。シェールギルにはインド人の血が流れているものの、彼女はインドを外から発見したのであって、インド絵画の伝統を踏まえて新しい世界を切り開いたとは言い難い。影響力という点では、詩人タゴール以上に微力であった。そのように考えると、アバニーンドラとその弟子たちの役割は、より大きな重要性をもっていたように思われる。

ただ、弟子たちの絵は、趣味的な側面に流れることが多く、藩王などといった一握りの上流社会の人間に好まれただけで、やがて忘れられてしまった。彼らの多くは、アバニーンドラがもっていた天性の繊細さと革新性に欠けていて、師の模倣とデカダンスに陥ってしまったのである。その点、ナンダラール・ボースには力強さがあり、彼が国民会議派の

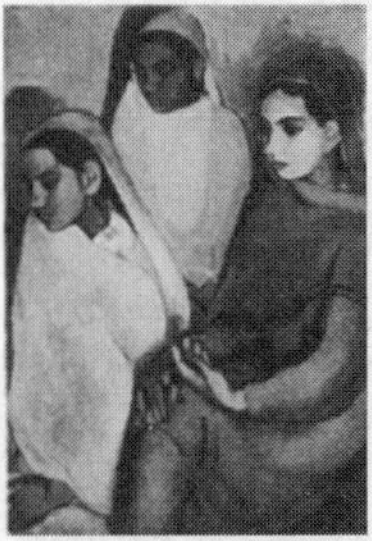

図109　「三人の女性たち」アムリタ・シェールギル（ニューデリー国立近代美術館蔵）。

図110　「女性の顔」ラビーンドラナート・タゴール（ニューデリー国立近代美術館蔵）。

ために制作したポスター絵が示すように、彼は師になかった大衆性をも持ち合わせていた。その意味で私には、インドの近代絵画は、アバニーンドラとボースの師弟が切り開いたもののように思われるのである。

そして、その二人と心を通い合わせる友情を抱いたのが、岡倉天心とその弟子たちであった。日本美術院が近代美術の創造に果たした役割と、ベンガル派がインド近代美術の確立に果たした役割が、見事なまでに重なっているのである。それは、西洋の進出によってアジアが迫られた「近代化」の模索であり、そのようなアジアにおける歴史的状況が、天心たちとアバニーンドラたちを堅く結びつけたのである。

参考文献

・Rabindranath Tagore, *The Crescent Moon*, MacMillan, London, 1920
・Abanindranath Thakur, *Bagesvari Silpo Prabandhavali*, Rupa, Calcutta, 1962/63
・Jaya Appasamy, *Abanindranath Tagore and the art of his times*, Lalit Kala Akademi, New Delhi, 1968
・我妻和男「ベンガル・ルネッサンス考」『三彩』二七五（一九七一）
・野中退蔵『荒井寛方　人と作品』中央公論美術出版、一九七四
・大岡信『岡倉天心』（朝日評伝選4）朝日新聞社、一九七五

・横山大観『大観自伝』講談社学術文庫、一九八一
・大岡信編訳『宝石の声なる人に――プリヤンバダ・デーヴィーと岡倉覚三・愛の手紙』平凡社、一九八二
・勅使河原純『菱田春草とその時代』六藝書房、一九八二
・色川大吉編『岡倉天心』（日本の名著39）中央公論社、一九七〇
・臼田雅之「天心岡倉覚三とベンガルの人々」『国際交流の歴史と現在――現代文明論講義より』東海大学出版会、一九八八

12　映画に見るインド社会――映画と政治の関わり

サタジット・レイ「大地の歌」

この章では、インドにおける映画産業の発達とそれと政治との関係、さらに最近の映画が反映する社会の問題を取り上げよう。一九九七年辺りから日本でもインド映画ブームといった現象が起きてきて、普通のインド映画が劇場で公開されるようになっている。性愛聖典に主題をとり愛の秘儀を描く「カーマスートラ」は少々例外であるとしても、ヒンドゥー・ムスリムの宗教対立を描く「ボンベイ」、かつての不可触民と上位カーストとの対立を描く「インディラ」のような、インド自体で大きな社会問題になっているテーマを正面から取り上げた社会派の映画も上映されるようになり、それよりさらに驚くのは、これぞまさに「インドの」娯楽映画といった「ラジュー出世する」「ムットゥ――踊るマハラジャ」のような、歌と踊りをふんだんに採り入れた三時間ものの活劇までもが上映されるようになってきたのである。

一昔前までは、インド映画といえば、「大地の歌」以来日本にもファンの多いサタジット・レイ監督の作品が、東京では岩波ホールにかかるのが唯一といった状態だったのである。今上に述べたような新しい映画については後に述べるとして、ここでは一九九二年に没したレイ監督の作品を回顧しておこう。五五年の「大地の歌」にはじまり、「大河の歌」「大樹の歌」と続くこのオプーを主人公にした、いわゆるオプー三部作は、ベンガルの農村と都市に広がる貧しさの中に生きる人々を描き、世界にレイの名を知らしめ、カンヌ、ヴェネチア映画祭での受賞に輝いた。

「大地の歌」は、ベンガルの農村に住む落ちぶれたバラモンの一家の生活を描く。あばら家に住むのは黒いひとみの美しい少年オプーと、姉、父母、そして、伯母である老婆。父は時代の変転の中で田畑もなくし、地主の会計を手伝いながら劇作家になることを夢見ている。この貧しい一家の日常生活が、白黒の画面で美しいベンガルの風景を背景に淡々と描かれるうち、老婆と姉が相次いで死に、打ちのめされた父は家を売り払い、都会に出ることを決意をする。それは、ベンガルの一人の知識人として成長していくオプーの出発であり、この三部作は、ネオ・リアリズムの波の中で、オプーの瞳をとおしてわれわれに、人間として生きることの意味を問いかけるものであった。

レイの映画は、インド自体で興行的には成功しなかったが、しかし、インドの黒沢とも言われる彼の作品は、決してリアリズム一辺倒ではなく、高度の文学性、歴史性、娯楽性をも示している。詩人タゴールの原作にもとづき、文才に恵まれた若い人妻のほのかな愛

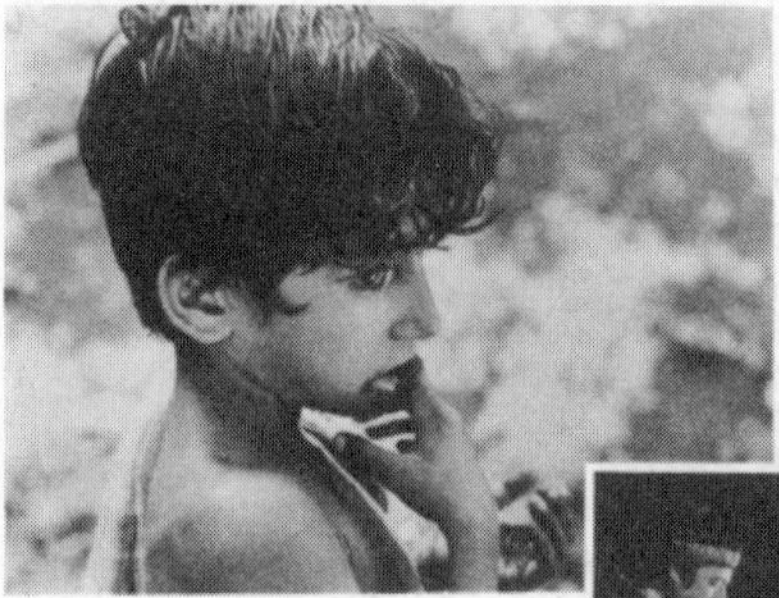

図111 「大地の歌」瞳の美しい少年オプー。

図112 「チェスをする人」滅亡の危機に瀕したアワド王国で、日がなチェスに興じる二人の貴族。

図114 「遠い雷鳴」ベンガルの大飢饉に際して、物乞いにくるバラモン。

図113 サタジット・レイ監督(1921-92)。

を一九世紀末の時代を背景に描いた「チャルラータ」、第二次世界大戦中のベンガルの大飢饉をテーマに、カルカッタが日本軍侵入の危機にさらされ、米がなくなったときに示される人間性を描く「遠い雷鳴」、一八五六年にアワド王国が併合される前夜、日がなチェスに興ずる貴族の姿を通し、没落していくアワド王国の悲哀と、それを併合しようとするイギリスの醜さを対比的に描きだす「チェスをする人」。このように挙げていけば切りがないのだが、これらの作品はわれわれに、人間を大きな歴史の変転の中で捉えながら、それを日常生活の確かさの中で描くレイの透徹した詩人の目を感じさせる。

ファールケーの映画作り

ただ、そのようなレイの作品は、インドの映画界にあってはあくまで例外であり、インド映画の主流は全く別の世界を形成している。世界の映画のはじまりは、一八九五年一二月、リュミエール兄弟によるパリでのシノマトグラフ上映であったが、インドでもそのわずか六ヶ月後に、ボンベイでそれが上映されている。その後、フランス、アメリカをはじめとして各国の映画がインドで上映されるようになり、一九一〇年にボンベイで上映された「キリストの生涯」を見て感銘をうけたインド人ファールケーが自ら映画の制作に乗り出す。神話を題材にした映画を作ろうとしたのだが、苦労したのは女優であった。当時、女役者は娼婦と考えられていて、なり手がなかったのである。『マハーバーラタ』から題材をとった第一作「ハリシュチャンドラ王」（一九一二年）で女性を演じたのは女形であったという。

サイレントの時代に特徴的なのは、一つ映画を作ればそれをどこででも上映できたことである。各地方での上映を考慮して、大抵三つ四つの言語で書かれた字幕がつけられたが、そうでなくても、弁士が印刷した字幕（タイトルカード）を読み上げれば、どこででも上映できたわけである。その時代は興行的にアメリカ映画の全盛時代であった。ところがトーキーの時代となると、タミル語の映画はマドラスで作られるようになり、それまでの中心であったボンベイだけでなく、地方での映画産業を大きく発展させることになったのである。現在、年間八〇〇本という驚異的数の映画が制作され、制作本数世界第一位の秘密は、この地方ごとでの映画作りにある。それにはアメリカ映画も太刀打ちできなくなったのであるが、その種は、トーキーのはじまった一九三〇年代はじ

図115　インド映画の父ファールケー（1870-1944）。

図116　女形。インド映画の最初期には女優になり手がなくて、男性が演じた。

めに蒔かれたのである。

トーキーになって、それ以上にインドの映画を大きく変えたのは、台詞から歌と踊りに自然に変化するという古典演劇の形式が、映画にとり入れられるようになったことである。すなわち、サタジット・レイの映画ではなく、今日までのインド映画の主流をなす、歌と踊りをふんだんにとりこんだ「ミュージカル・スタイル」が誕生したのである。普通は一つの映画の中に十数曲の歌が入り、そこで踊りが披露されることになるのであるが、トーキーの初期にはなんと七〇曲も入った映画が作られたそうである。はじめはこの歌と踊りを、主として舞台出身の俳優がこなしていたが、なかなかそのような両方をこなせる俳優を見つけるのが困難で、四〇年代からプレイバック・シンガーという歌専門の歌い手にうたわせて、それを役者の演技にかぶせる方式が採られるようになってきた。その歌がラジオ、レコード、テレビで流されてヒットソングが生まれるのであるが、今なおプレイバック・シンガーの女王として君臨するラター・マンゲーシュカルがデビューしたのは、一九四七年であったという。

DMKとタミルナードゥの映画産業

ここで話題を変えて、五〇年代からの南インドにおける映画産業と政治の関わり合いについて見てみよう。それはタミルナードゥを中心に行なわれたドラヴィダ運動と映画とのつながりである。ドラヴィダ運動についてはは第二の章で触れているが、それは、最上位カーストであるバラモンによる非バラモンの社会的搾取を打破しようという非バラモン運動の発展したもので、一九一六年の「非バラモン宣言」によってはじまった。このカーストのヘゲモニー争いともいうべき非バラモン運動は、三七年マドラス州政府によるヒンディー語教育の導入政策をきっかけに、非バラモンであるドラヴィダ民族による、北インドのバラモンを中心としたアーリヤ民族に対する戦いへと変化していった。

その流れの中で四九年にドラヴィダ進歩連盟（DMK）という政党を作って戦いを進めていったアンナードゥライは、劇作家であり、映画の脚本家であった。その有力党員となったカルナーニディもまた脚本家であり、彼らは、その目指す社会批判を多くの人々に知ってもらうための手段として、映画を利用したのである。映画の筋は勧善懲悪的なものが多かったが、彼らの映画には「対話」と呼ばれる韻を踏んだタミル語でなされる社会批判

図117　談笑するアンナードゥライと MGR。共にタミルナードゥ州政府首相となった。

的スピーチも採り入れられた。スターとしては若いラーマチャンドラン（通称ＭＧＲ）が起用され、大ヒットを飛ばした後、彼自身もＤＭＫに入党した。彼をはじめとするスターたちは、政治の集会にも参加して人集めに貢献した。

ＭＧＲは後にタミルナードゥ州の首相にもなるのであるが、映画の中では、ロマンティックなヒーローと同時に、上層カーストや圧政者たちと戦う役を演じた。例えば、小作人の土地を取り上げようとする地主、貧乏人から仮借なく取りたてる金貸、田舎の少女を妊娠させ置き去りにする都会人、といった抑圧者と戦い、虐げられた弱者を救うのがＭＧＲの役柄であった。ＭＧＲは役の上でいつも施しをし、女性の教育と地位の向上を訴え、そして、無敵であった。

彼は政治家としての実生活においても常に貧困者に救いの手をさしのべ、教育を受けられない子供を援助して、映画のイメージと政治家のイメージを結合したのである。救済者を演じた映画の最後に、役からＭＧＲ本人に戻って政治声明を発表するといったことまで行なっている。MGRは選挙でも圧倒的な強みを見せたが、それにはファンクラブの組織が巧みに利用されていた。クラブは単にファンの集まりということではなく、彼のイメージを高める社会奉仕活動を自前で行ない、政治家MGRの手足となって働く行動部隊であったのである。

このように、脚本家から俳優までをもかかえこんだDMKは、一九五〇、六〇年代のタミル映画界を支配し、DMKの映画でなければ映画ではないといった状況まで作り上げていたのである。アンナードゥライは五〇、六〇年代にDMKの力を大きく進展させ、六五年に今度は国語問題という形で、再びヒンディー語問題に火がついたことにも助けられて、六七年の選挙で勝ち、マドラス州の首相となった。それはドラヴィダ運動の、と言うよりは、実際には、タミル民族主義の勝利であったが、二年後に病を得て死去した。

七一年の選挙に勝ったのはカルナーニディであった。しかし、七七年の選挙では、彼と対立して新しい政党を作り、アンナードゥライの後継

図118　MGRは弱者の味方というイメージを作り上げるため、自らを天使になぞらえた。

図119　MGRとジャヤラリター。共にタミルナードゥ州政府首相となった。

者を自認するMGRが政権を奪取した。彼は八八年の病死まで長期政権を維持したが、それを継いだのは、かつてのヒロイン女優で、彼の妻であったジャーナキであった。しかし、その政権は議会の信認を得られず、やはりヒロイン女優で、MGRの愛人であったといわれるジャヤラリターがそれに代わった。しかし、彼女の金権体質が批判され、九六年からは再びカルナーニディが政権を担当している。

このように見てくると、六七年のアンナードゥライ以降、歴代の首相は全て映画関係者であり、タミルナードゥにおける映画と政治の結びつきがいかに強固なものであったかが理解できよう。

インド映画の新しい波

ここで再びインド全体の映画の流れに話しを戻すと、カラー映画が主流となった七〇年代には、活劇風娯楽映画が数多く作られるようになり、「荒野の七人」を下敷きにしたヒンディー映画「炎」（七五年）が大ヒットした。それと同時に、七四年のヒンディー映画「芽生え」のヒット以降、歌と踊りの入らないシリアスものも、インディアン・ニューシマネと呼ばれて人々の関心を集めるようになっている。しかし、テレビが普及する以前の、七〇年代における海賊版ビデオのすさまじい人気、また、八〇年代になってテレビが普及しカラー放送がはじまると、テレビの強い人気に押されて、インド映画界は多難な時代を迎えるようになった。しかし、九〇年代に入ると、いろいろの面で進行したインド文化の一体化と呼応して、タミル映画がヒンディー語に吹きかえられてヒットするような新しい状況も出現している。そのような状況下でテレビとの共存を図りながら、インド映画は今なお健在で、新しい波を起こしつづけている。

図120　スハーシニ監督。女優から監督になり「インディラ」を制作した。

その例として、タミル映画における最近の新しい傾向を示す、マニラトナム、スハーシニおしどり監督の作品を紹介しておこう。はじめは、スハーシニ監督の「インディラ」。スハーシニはタミル映画の名男優の娘として生まれ、自分も女優となり、主演女優賞を獲得するなどの活躍を続けたが、マニラトナム監督と結婚し、一男をもうけてのち、監督に転向し、その第一作がこの「インディラ」であった。スハーシニはもともと女優になる前にマドラスで撮影の勉強をし、監督助手も務めていたので、第一作から話題作を提供することになった。

物語は、川向こうの村でカーストの差別をうけ、こちら岸に逃れて新しい村を作った人々と、元の村の人々との争いを描く。インディラは、こちらの村のリーダー役でみんなに慕われている父と優しい母の娘として成長した。大学を出て弁護士の資格をとった婚約者もいて幸せだったが、事件が起こった。両方の村では揉め事が続いていたが、向うの村の男とこちらの村の娘が駆け落ちしたことから対立が激化し、その和解のためにインディラは向うの村の村長の息子と結婚させられることになる。それは回避されたのだが、対立は深まり、インディラの父は暗殺されてしまう。悲嘆にくれるインディラは、父の遺志をついで二つの村を和解させようと立ちあがる。そのようなインディラを助けようと、婚約者だけでなく村人も立ちあがった。

この映画は、カースト差別、女性差別という二つの差別を主題にしている。この二つの差別は、他の章で述べるように実は結びついているのだが、スハーシニ監督は、女性を主人公にすることによって、その両差別との戦いに勝利を呼び込もうとする。彼女によれば、女性は男性のように安易に変わることがなく、若い女性がリーダーとなれば、その一貫した戦いによって社会を変えていくことができるのではないかという。歌や踊りをもとり入

図121　映画のシーンから、㊤「インディラ」インディラの努力で、二つの村は最後に和解する。子どもたちは歓声をあげて彼女をかこんだ。㊨「ボンベイ」シェーカルとバーヌーは、人々に殺し合いを止めさせ、双子の子どもとも再会する。

れながら、新しい社会への希望を若い女性に託す、新しいタミル映画である。

夫君マニラトナムの話題作「ボンベイ」は、田舎から駆け落ちしてボンベイに出てきた若い男女の生活を通して、ヒンドゥー・ムスリムの宗教対立を描く。南インドのどことも判らない村の話だが、ジャーナリスト志望でボンベイに行っていた青年シェーカルが村に戻ってきた。彼はムスリムの瓦職人の娘シャイラー・バーヌーと恋に落ちる。ヒンドゥーであるシェーカルの父親は「ムスリムの娘と結婚するなら親子の縁を切る」と怒り、シェーカルはボンベイに戻ってしまう。シェーカルは毎日手紙を書いたが、それが見つかって、バーヌーの父は「すぐ適当な相手を見つけて嫁にやる」といきまく。思い余ったバーヌーは家を出てボンベイに行く。二人は結婚し、シェーカルは念願の新聞記者となり、双子の子供も生まれた。

幸せな六年が過ぎようとしていたが、故郷では両方の親が争いを続け、二人を許さない。そこに起こったのがアヨーディヤ事件であった。ヒンドゥー・ムスリムの激しい対立が起こり、ボンベイでは暴動が発生した。心配した両方の親はボンベイにやってきて、シェーカルの家で鉢合わせし、やがて和解が成立した。しかし、暴動は激化し、シェーカルの家も焼かれてしまう。逃げる途中で子供達とはぐれたシェーカルとバーヌーは気が違ったように暴動の街中を探し回る。そこでシェーカルは、暴動に参加している仕事仲間を説得し、人々も暴動を止めるべく立ちあがる。そのとき、シェーカルとバーヌーは息子たちと再会する。

アヨーディヤ事件に端を発したヒンドゥー・ムスリムの対立と暴動を真正面から描いた作品で、制作過程でいろいろの妨害をうけたらしい。検閲によって一部変更を余儀なくされたところはあったようだが、敢然としてこの映画を撮り終えたマニラトナム監督は、インド映画の良心を守ったと言えよう。シリアスな問題を扱いながら、伝統的な歌と踊りもとりいれて、興行的にも成功を収めたこの作品は、インディラと並んでインド映画の新しい波を示している。

スハーシニ監督インタビュー

最後に、映像教材制作の過程で、チェンナイ（マドラス）でスハーシニ監督にインタビューしたとき、大変に興味深い話があったので、それを付記しておこう。それは彼女が、「インドでは俳優は普通の人にとって大変に身近な存在で、困ったことがあると、親戚に相談するよりも、俳優のところに助けを求める。」と語ったことである。彼女の家にもそのような人が大勢やってくるというのである。俳優の方でも、それを当然のように面倒をみるらしい。私には、MGRが、役のイメージと実生活のイメージをダブらせて絶大な人気を得るというところが、実は今一つよく判らず、疑問に感じていたのであるが、その点スハーシニ監督の話は示唆的である。すなわち、タミルナードゥの文化的、社会心理的背景の中では、それが実際に可能であることを示唆しているもののように思えるのである。

参考文献

・辛島昇「民族とカースト――南インドにおけるドラヴィダ運動を例として」川田順造・福井勝義編『民族とは何か』岩波書店、一九八八
・松岡環『アジア・映画の都――香港 インド・ムービーロード』めこん、一九九七
・M. S. S. Pandian, *The Image Trap: M. G. Ramachandran in Film and Politics*, Sage Publications, New Delhi, 1992
・K. Mohandas, *MGR: The Man and the Myth*, Panther Publishers, Bangalore, 1992

・B. D. Garga, *So Many Cinemas: The motion Picture in India*, Eminence Designs, Mumbai, 1996
・『インド――魅惑わくわく亜大陸』（ワールド・カルチャーガイド9）トラベルジャーナル、一九九九

13 ティプ・スルタンの理想——イギリスとの戦い

併合されてゆく王国

この章では、一八世紀末、マイソール王国を率いてイギリスと戦い、都シュリーランガパトナの城で討ち死にを遂げたティプ・スルタンの生涯と行動について見てみよう。それまでの通商関係とはちがって、一八世紀になると侵略の意図を露骨に表すようになってきた西洋の列強に対して、当時の南アジアの支配者たちがどのように対処したのか、彼らは自分たちの王国の未来についてどのようなヴィジョンをもっていたのか、それを探る試みである。

インドの有名な映画監督サタジット・レイに、プレームチャンドの小説の映画化で、一九世紀中葉イギリスによるアワド王国の併合を扱った「チェスをする人」という作品がある。本来的にはインドの王国に対して何の権限ももっていないイギリスが、ただただ一方的に難癖をつけて自分の王国を併合しようというのに対して、もはや何のなす術もなく、宮廷での詩歌管弦の楽しみに明け暮れる国王と、かつての勇猛な武将の末裔でありながら、今や無気力に日がなチェスに興ずる貴族の姿を、イギリスの傲慢な醜さと対比させて描いた作品である。そこからは、滅び行くものの美しさとでもいった悲しさが浮かび上がってくる。

イギリスのインド支配が確立し、翌年には「大反乱」が起きようという一九世紀の中葉

図122　最後のキャンディ王スリ・ヴィクラマ・ラージャシンハ（在位1798-1815）。1815年イギリスに王国を奪われ、南インドのヴェールールに流刑となって、1832年その地で没した。

図123　王妃の上衣。1815年に捕われたとき、耳飾りをちぎられて、流れた血が染みとなった（コロンボ国立博物館蔵）。

と、ティプ・スルタンの生きた一八世紀後半では、歴史的状況は全く異なるものの、このアワド王とティプの生き方は、ドラスティックなまでに異なっている。時期的にはその中間にくるのだが、一八一五年、スリランカのキャンディ王国がイギリスに併合されたのは「戦い」によってであった。しかし、実際に戦いらしいものは何もなく、本来ならば王国のために戦うべき貴族たちが国王を裏切ってイギリスと通じ、その軍隊を引き入れたのであった。森の中に逃げた国王が三日後に王妃とともに捕らえられた時、王国はすでに貴族たちによってイギリスに引き渡されていた。

植民地化のプロセス

さて、ここでティプの話に入る前に、一八世紀中葉に南インドの東南海岸平野を舞台にしてイギリスとフランスが戦ったカーナティック戦争から見ていこう。両国が現地諸勢力を巻きこみながら三度戦った戦争である。イギリスの東インド会社がヴィジャヤナガル王国のナーヤカからマドラスの地を得たのは一六三九年であり、東インド会社の設立に遅れをとったフランスがポンディシェリーを獲得したのは一六七三年のことであった。両国はそこに商館と要塞を建設し、以後、その地はそれぞれのインド進出の拠点として発展した。

現地側の状況としては、一七世紀中葉にヴィジャヤナガル王国がビジャープルとゴールコンダ両王国によって滅ぼされ、その後ほどなく両王国が今度はムガル帝国に滅ぼされ、東南海岸平野のいわゆるカーナティック地方にも、ムガル帝国の支配が及んできていた。デカンでは元来はムガル帝国太守（スーバダール）であったニザームが一七二四年以降ハイダラーバードにほぼ独立の権力を打ち立てていて、カーナティック地方にはムガル皇帝の臣であるナワーブがアルコットに城を構えて勢力を持っていた。両者は反目し合っていたのみならず、カーナティック地方ではその他に、ヴィジャヤナガル王国の地方統治継承者として、マドゥライにナーヤカ政権があり、タンジャーヴールにはナーヤカを滅ぼしたマラータの政権が樹立されていたのである。

カーナティック戦争が起こったのは、そのような状況下であった。フランスとイギリスは互いに東インド貿易の命運をかけて争っていたのであるが、一七四〇年にヨーロッパでオーストリア王位継承戦が起こると、それはインドにも飛び火し、四六年フランス艦隊はマドラスを攻めて占領した。これは四八年ヨーロッパでの戦争終結とともに終わり、マドラスはイギリスに戻された。この時はナワーブがイギリス救援のジェスチュアを見せただけであったが、五〇年ポンディシェリーの総督デュプレックスはナワーブとニザーム両政権それぞれの内紛に目をつけ、その一方に荷担し、イギリスは他方に助力し、今回は現地勢力を巻きこみながら衝突した。戦いは一進一退であったが、長引くのを好まなかったフランスが五四年にデュプレックスを本国に召喚し、和議が成立した。フランスはカーナティックの権益を失ったが、ニザームと友好関係を樹立し、アーンドラ海岸地方に利権を獲

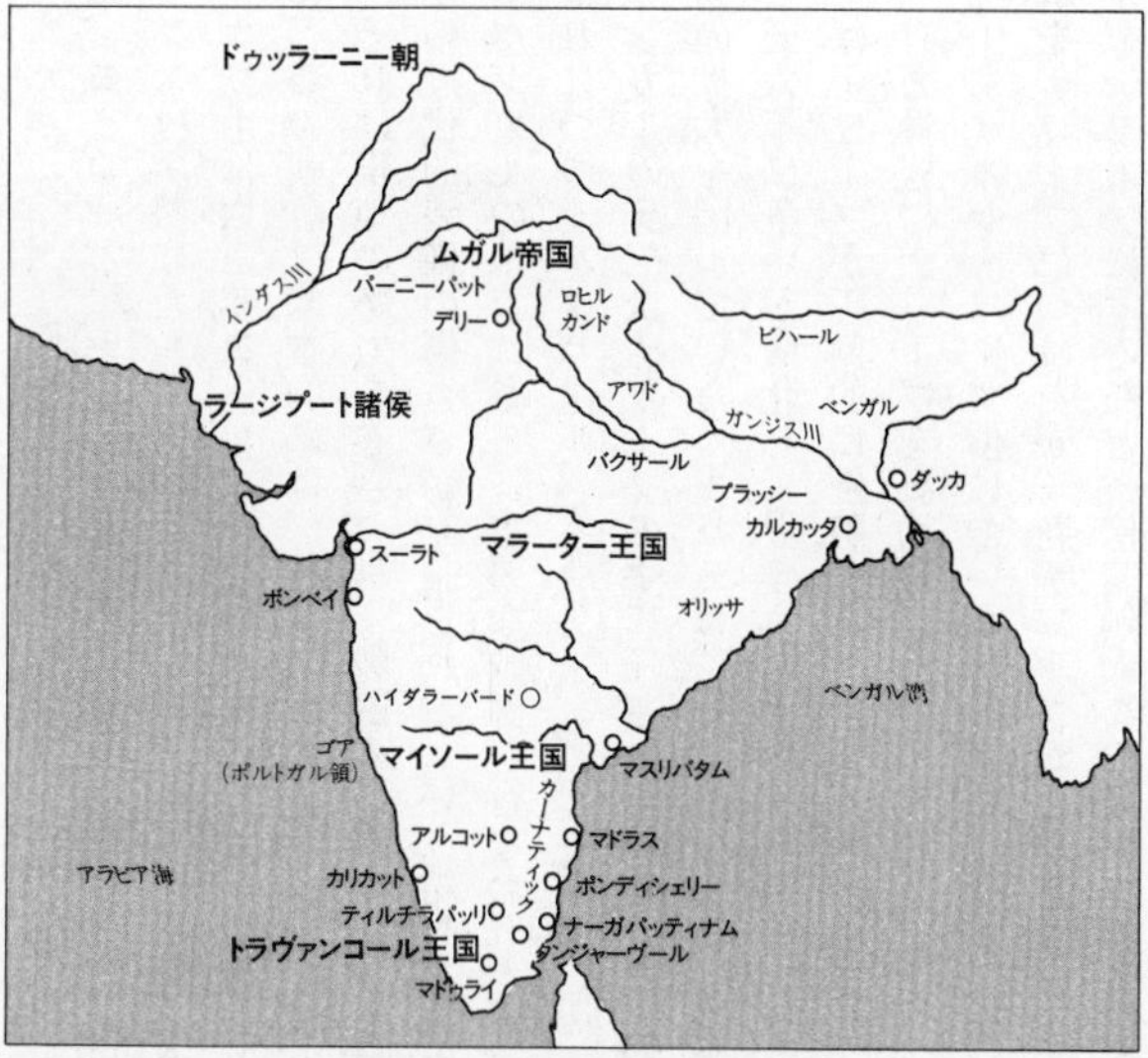

図124　18世紀中葉のインド。

得した。

第三回の戦いは、ヨーロッパにおける七年戦争の勃発と連動して五八年から始まったが、海軍力のないフランスは劣勢にたち、六一年ポンディシェリーを落とされて終わった。ただし、ポンディシェリーは六三年ヨーロッパでの和平に際し、フランスに返還された。以上から判るように、この戦争は基本的には、インドにおけるイギリスとフランスの争いであった。しかし、それは現地の勢力を巻きこみ、戦闘の過程で、ヨーロッパの訓練された軍隊と大砲その他の近代的装備の優秀さが立証されるという結果をもたらした。しかも、この戦争の途中でベンガルの地ではさらに重要な戦闘が行なわれた。プラッシー（五七年）の戦いであり、それにつづくバクサール（六四年）の戦いである。

ムガル帝国のベンガルの支配はナワーブの手に任されていたのだが、カルカッタに商館と要塞を建て貿易の拡大を図っていたイギリスは、通関税の支払いを巡ってしばしばナワーブと衝突した。五六年に争いが激化し、翌年カルカッタ北方のプラッシーで決戦が行なわれた。数の上ではナワーブが圧倒的に優勢であったが、イギリスは土地の商人と結託して策をめぐらし、有力貴族にナワーブを裏切らせた。その結果、ナワーブは大敗し、裏切ったミール・ジャーファルがナワーブ位についた。しかし、イギリスは彼をも退位させ、ミール・カーシムをナワーブにつけたが、新ナワーブが意のままにならないと、再びミール・ジャーファルをナワーブにするなど、傍若無人な振舞いを繰り返し、その間にベンガルの経済は混乱した。ミール・カーシムはイギリスに不満をもつ勢力を結集し、アワドのナワーブとさらにムガル皇帝とも同盟して、決戦が六四年ビハールのバクサールの地で行なわれた。ミール・カーシムは敗れ、ムガル皇帝も降伏した。

プラッシーの戦いでイギリス軍を率いたのはクライブであったが、彼は六五年にベンガル知事となり、ムガル皇帝にベンガル、ビハール、オリッサの徴税権（ディワーニー）を割譲させた。これによってイギリスは、実質的にその地の支配権を獲得し、イギリス東インド会社の支配の下でインド人が徴税その他の業務を担当するという、いわゆる「二重統治」が始まった。それは、イギリスによるインド植民地化の第一歩であり、南インドを舞台に、アングロ・マイソール戦争が起こったのは、その直後であった。

ハイダル・アリーの台頭とマイソール戦争

マイソール王国はデカン高原南西部にあり、その地にはヴィジャヤナガル時代からウォデヤ家の勢力が築かれていた。中心はカーヴェーリ川上流の中州シュリーランガパトナに築かれた城で、ヴィジャヤナガル王国滅亡後は、カーナティック地方における諸ナーヤカとナワーブ、さらにハイダラーバードのニザームと並んで、南インドにおける有力な地方勢力として台頭していた。ティプ・スルタンの父ハイダル・アリーはその王国に仕える武将であった。先祖はスーフィーの行者であったとも言われるが、一家は各地を転々とした

図125　ティプ・スルタン（在位1783-99）。

後、ハイダルがマイソール王国の一騎兵となり、その後の戦功によって、出世をしていったのである。なお、ウォデヤ家はヒンドゥーの王家であった。

当時デカン北西部にはマラーターの勢力があり、ムガル帝国と争っていた。デカンではこのマラーター、ニザーム、マイソールが三つ巴の争いを続けることになり、それにカーナティックのナワーブとイギリスが絡み合うことになる。上述のカーナティック戦争（第二次）にマイソールはイギリス側について戦ったのであるが、のち仲たがいをして敵対するようになる。その過程で戦功を立て、さらに背後から襲ってきたニザーム軍をも撃ち破ったハイダルは、マイソール王国の重臣にとり立てられ、中央での政争の間についに実権を握り、六一年マイソール王国の実質的支配者となった。この年には、マラーターがアフガニスタンから侵入してきたドゥッラーニー朝とデリー北方で戦って敗れ、北インド制覇の夢を断たれている。

第一次アングロ・マイソール戦争（以下、戦争）の勃発は、ハイダルが王国の実権を握ってしばらくして一七六七年のことである。マラーター、ニザームとイギリスは三国でのマイソールの分割を画策していたが、ハイダルは巧みな外交手段によってマラーターとニザームの侵攻に対して和平を成立させ、一気にマドラスを攻撃した。ハイダルの息子ティプ（一八歳）がその先頭に立っていた。その後ニザームが脱落し、戦線は背後を突こうというイギリスの作戦によりマラバール海岸にまで拡大するが、六九年ハイダルは再びマドラスを急襲して、ついにイギリスも和議に応じ、マドラス条約が締結された。

図126　プッラルールの戦い。シュリーランガパトナの夏の宮殿回廊壁画。

　その後、マイソールは再びマラーターの侵攻をうけるが、マラーターの内紛によって事無きをえて、八〇年にはマラーターとフランスを味方につけて、第二次の戦争が起こる。この際にはカーンチープラムの北方プッラルールの地で、ハイダル、ティプの親子がベイ

図127　バンガロール要塞内部の牢屋。捕らわれのイギリス人は粥と胡椒汁を与えられた。

リー大佐指揮のイギリス軍救援部隊を打ち破った戦闘があり、ベイリー大佐以下のイギリス人は捕虜としてシュリーランガパトナ城の牢獄に幽閉された。この挟撃戦の勝利を描いた壁画がシュリーランガパトナの夏の宮殿に残されている。戦況はマイソールに有利に展開するのであるが、八二年にハイダルは、悪性腫瘍のために遠征先で病没する。戦争は三一歳になっていたティプの手で継続される。

ティプ・スルタンの統治と外交

その間イギリスは巧みな外交手段によってニザーム、マラーターを戦線から離脱させ、フランスもヨーロッパにおけるイギリスとの休戦条約にしたがって停戦してしまう。事態はイギリス軍の立てこもるマラバール海岸のマンガロール要塞をティプが包囲したまま膠着状態に陥り、双方手詰まりとなって八四年イギリスは城を明渡し、マンガロール条約を結んで戦争は終結した。ここからは、ティプ・スルタンの時代である。

ハイダルとティプの間には、親子でありながら対照的な違いがあったことが指摘されている。ハイダルはたたき上げの武人であり、読み書きの教養には欠けたが、兵を動かす才と、権謀術数をも用いる外交手腕にかけては、ティプをはるかに上回っていた。イスラーム教徒ではあっても、信仰的にはさほど厳しくなかったらしい。それに対してティプはエリートとして育ち、ペルシア語、アラビア語にも堪能で、強いイスラームの信仰を持っていた。それと同時に、フランス語が出来たこともあって、ヨーロッパの新しい文明と技術に大きな関心をもち、常にそれをとり入れようとした。また、勤勉な理想家であっただけ、妥協を好まず、己の信念にしたがって行動するという性癖をもっていた。

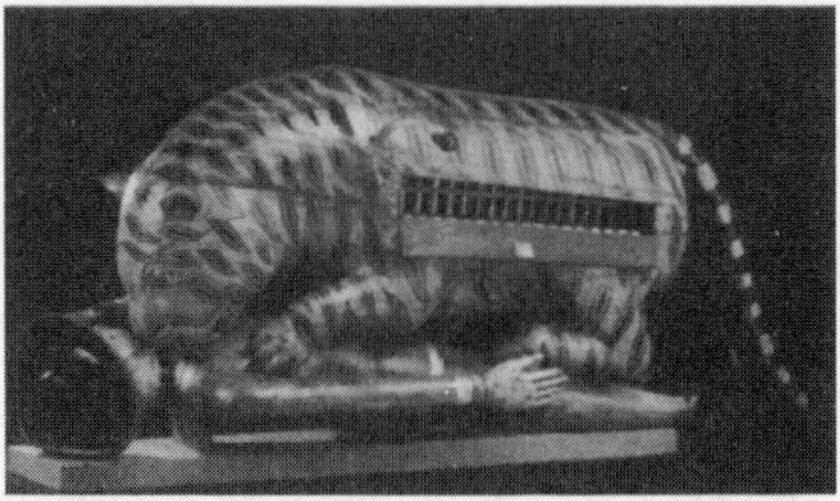

図128　マイソール戦争でのイギリスの戦利品。ティプ・スルタンはイギリス人捕虜を虎に食わせたという噂が流れたが、この玩具はその噂と関係があるのかも知れない（ヴィクトリア＆アルバート博物館蔵）。

以上から想像されるように、マンガロール条約を結んで首都に戻ってからのティプは、猛然と政務に取り組み、王国の行政改革と軍隊の近代化に専念する。八五年に彼が「ワームルールの第二の県」における徴税のために布告した法令が残っているので、上條安規子氏の研究を参考に、彼の行政改革の一端を見てみよう。県の所在がどこかは不明であるが、セーラムの近くらしく、また、この法令は恐らく他の地域にも適用されたものと考えられている。ともかく、それによるとティプが、それまでの地方支配に大きな役割を果たしていたキラーダール(城主)のような在地勢力を一掃して、中央任命のアーミルと呼ばれる官僚を派遣して県の統治をさせたことが判る。

支配末端の村落においては、それまで世襲的村長をはじめとする村役人が種々の特権をほしいままにしていたが、それを廃してアーミルに彼らの任命権を与え、徴税の責任を厳しく追及した。アーミルは県全体の農民やカーストを把握し、また村落での耕作についての調査をも行なうものとされた。すなわち、アーミルは単なる徴税だけでなく、県の行政全般に責任をもたされ、ティプはそれを通じて、王国の中央集権的直接統治を行なおうと試みたのである。

ティプ・スルタンの生涯を記述することによって当時のインドにおける王権のあり方を論じた渡辺建夫氏は、その著書の中でティプがいかに勤勉で、行政のいかに細かいところまで直接の指示を下していたかを描き出している。その点でも、ティプは当時のインドの王中で傑出した存在であったが、彼はまた、貿易の拡大と海軍力の増強に意を用い、大勢のフランス人を招いてヨーロッパの近代技術の導入に努めている。渡辺氏も言うように、その意味では、当時のヨーロッパにおける啓蒙君主そのもののような存在であった。しかし、信仰的には熱烈なイスラーム教徒で、軍隊での飲酒を禁じている。また、イギリス兵の捕虜を虎に食わせたといううわさが広まって、イギリス人からは残忍な東洋的専制君主として憎悪され、恐れられた。

さらに、ティプの政策に特徴的なことは、外国への使節の派遣である。八六年には四隻の船を仕立ててオスマン・トルコへの使節を派遣した。それによって、カリフから君主としての正統性を認めてもらう目的は達成されたものの、イギリスを相手としてのトルコとの攻守同盟締結は、ロシア南下の脅威にさらされ、トルコがイギリスと接近しつつあった状況下では実現しなかった。彼は同盟関係を強化すべく、八七年フランスにも使節を派遣したが、使節が到着したのは革命前夜のパリであり、ルイ一六世との会見は実現したものの、フランスは遠いインドとの条約どころでなく、何も得るところがなかった。

そうこうするうちに、イギリスとの関係は悪化の一途をたどり、イギリスが後押ししていたトラヴァンコール王国との争いで、九〇年にティプがケーララに軍を進めると、第三次戦争が始まった。ベンガル知事に就任したコーンウォリスは周到な準備の下にニザームとマラーターを味方につけていて、一方、革命の起こったフランスは援軍を送ることが出来ず、二年後に、ティプは三国同盟に屈することになる。マイソール王国は領土の半分を同盟国に割譲し、多額の賠償金を支払い、かつティプの息子二人を人質としてイギリスに差し出すという屈辱を味わった。

図129 「サレンダー」第３次戦争終結後、人質にだされるティプ・スルタンの二人の息子を描く。手を握るのは、ベンガル総督コーンウォリス卿。シュリーランガパトナ、夏の宮殿蔵。

最後の戦いへ

しかし、この敗戦にもめげずティプは、その後再び艦船の建造に着手し、西アジア諸国へ使節を派遣するなどの行動を起こしている。シュリーランガパトナには大勢のフランス人が居住していたが、九四年に遅れてジャコパン・クラブが結成されると、ティプはその名誉会員に推された。彼はその後もフランスに助力を求め、エジプト遠征中のナポレオンはティプの親書に返事を認めたが、援軍を送る力はなく、その返書もティプの手には届かなかった。イギリスはその間もマイソールとの戦争の準備を進め、九八年にはハイダラーバードと軍事保護条約を締結し、マラーターをも懐柔し、九九年ついに最後の第四次戦争が開始された。

同盟軍の圧倒的優位のうちにシュリーランガパトナの城は包囲され、敗北を認めれば講和する機会は何回かあったが、最終的にティプはそれを拒否し、五月四日、総攻撃が開始された。イギリス砲兵隊の猛攻撃によって城壁が崩れ、城はついに陥落した。ティプの遺体は北部の城門の近くで発見され、息子たちは降伏した。第三次戦争の時もティプは味方の裏切りに悩まされ、その発覚者を厳しく処断しているが、最後の決戦においても裏切りが落城を早めたといわれている。

図130　カーヴェーリ川の中州にあるシュリーランガパトナ城を北西から望む。18世紀「マイソール紀行」の挿画。

イギリスはマイソール王国を併合して直接統治することを避け、ハイダル・ティプ親子が簒奪した形になっていた旧王統ウォデヤ家の男子を復位させ、そのマイソール藩王国と軍事保護条約を結んだ。ティプの第一の重臣であったバラモンのプールニヤが藩王を補佐する宰相となり、首都はマイソールに遷された。かくして、理想主義者として国王の職務に専念し、当時のインドには稀な国際的感覚をもち、イギリス人には残忍な「マイソー

図131　今日に残る城壁北西部のデリー門。

ルの虎」として恐れられたティプ・スルタンの王国は、滅亡したのである。

ティプの生涯について、その姿を余りに理想化して描くことは、現実に反することであるかもしれない。オスマン・トルコやフランスへの使節の派遣が、常に「時、利あらず」という面をもっていたことは否めないが、仮にフランスが援軍を送り、ティプが勝っていたとしても、イギリスに変わってフランスがインドを植民地化しただけではないかという疑問が湧いてこよう。理想主義に走ったその統治が、統治される人々にとって、余りにも厳しいものであったという指摘もなされている。父と対照的なエリート育ちとしての弱さも見え隠れしている。しかし、当時のインド、あるいはアジアの様々な統治者と比べたとき、彼の姿が一つの輝きを発して見えるのもまた確かである。彼の生涯は、イギリスから独立したインドの国営テレビの大河ドラマとして、全国に放映されたのである。

参考文献

・Praxy Fernandes, *Storm over Seringapatam*, Thackers, Bombay, 1969

・K.M.de Silva (ed.), *History of Ceylon*, vol. 3, University of Ceylon, Peradeniya, 1973
・Bhagwan S Gidwani, *The sword of Tipu Sultan*, Allied Publishers, New Delhi, 1976
・上條安規子「ティプ・スルタン権力の県・村支配」辛島昇編『インド史における村落共同体の研究』東京大学出版会、一九七六
・渡辺建夫『インド最後の王――ティプー・スルタンの生涯』晶文社、一九八〇
・佐藤正哲・中里成章・水島司『ムガル帝国から英領インドへ』(世界の歴史14)中央公論社、一九九八
・辛島昇・坂田貞二編『世界歴史の旅――南インド』山川出版社、一九九九

14　インドのフェミニズム――ヒンドゥー教における女性蔑視と女神崇拝

『マヌ法典』に見る女の三従

今回は南アジアのフェミニズムを取り上げよう。もう二〇年以上前のことだが、インドの女流詩人カマラー・ダースの自伝『マイ・ストーリー』がインド社会に大きなセンセイションを巻き起こしたことがあった。彼女はその本の中で、自分の男遍歴をさらけ出し、自分は夫以外の情熱的な男と常に恋に落ちるのだと告白してしまったからである。多少の性的描写をもって語られた内容は、日本の読者にすれば全くどうということのないものなのであるが、それがセンセイションとなったのは、インドではそのようなことはあってはならないこと、また、もしあったとしても、決して人に語ってはならない事柄に属していたからである。

伝統的ヒンドゥー教社会にあっては、女性はほとんど人格を認められていないに等しかった。そのことはヒンドゥー教徒の日常生活における行動規範を示す古代の『マヌ法典』を紐解けば自ずから明らかなことで、そこには女性についてつぎのような規定が見られる。

子供のときは父の、若いときは夫の、夫が死んだときは息子の支配下に入るべし。女は独立を享受してはならない。（五―一四八）

夫は、性悪で、勝手気ままに振舞い、良い資質に欠けていても、貞節な妻によって常に神のように仕えられるべし。（五―一五四）（渡瀬信之訳）

前者はいわゆる「女の三従」を説き、後者は夫は神であるという。バラモンの力が強くなってきた紀元前後の時期に成立したこのような規範が、その後の長い歴史の期間を通して実際にどれだけ遵守されてきたかは疑問であるが、とにかくここには、徹底した女性差別、あるいは女性蔑視の思想を読み取ることができる。『マヌ法典』の中には、妻を敬うべしという規定もあるのであるが、よく読んでみると、「敬う」の意味するところは、実は、装身具、衣服、食物を与えて女性を喜ばせるということに過ぎない（三―五五／五九）。女性は男性によって享受されるもの、それゆえに大切にせよということなのである。

このような女性差別、女性蔑視のうちでとりわけ悪名が高いのは、夫に死なれた妻が夫の遺体を焼く火の中に身を投じて自らも死ぬという、サティー（寡婦殉死）の風習である。これについては大航海時代にインドにやってきた西洋人が驚嘆の記述を残していて、もちろんこれがどれだけ頻繁に行なわれたかは判らないし、人々がどのような意識でこれを行ったのかも判らない。実際は人々が女性に麻薬を飲ませ朦朧とさせた上で、火の中に突き落とすのだともいう。この風習の禁止に力を尽くしたのは、一八世紀のベンガルで社会改革運動に身を挺したラーム・モーハン・ローイで、その努力があって、一八二九年、ときの総督ベンティンクの手によってサティーは法律で禁止された。

このサティーと並んでインド社会における「悪習」として大きな問題となったのは、女

図132　1987年9月ラージャスターンの村で、18歳のループ・カンワルが夫マール・シングの死に際してサティーを行った。サティーは1999年にも行われ、人々を驚かせた。

図133「ブラーメーンの火葬と妻の焚死」と題されたリンスホーテン『東方案内記』の自筆挿絵。ブラーメーンは、バラモンを意味する。

性を初潮を見る以前、少女のときに結婚させてしまう幼児婚であった。これも後に述べるように、女性に大変な犠牲を強いる慣習であったが、この法律的規制の方は遅れて一九二九年になって実現している。ただしそれは、実際には守られず、七三年に女性の結婚年齢の下限が一八歳に引き上げられた後も、つい最近まで農村部では十五、六歳での結婚が普通であったようである。実は、冒頭に記した詩人カマラー・ダースも、名家の生まれではあったものの一五歳で意に沿わない結婚をさせられ、そこから彼女の、女性を独立した人格として扱わない社会に対する「反逆」が始まったのであった。

ケーララの女性問題

カマラーは半島南部のアラビア海に面したケーララの出身であるが、このケーララには今世紀の中葉まで今一つの大変に大きな、しかも特異な女性問題が存在した。実は、その地のバラモンであるナンブーディリ・カーストの間では、長男のみがナンブーディリの女性と結婚して家庭を持つことを許され、次男以下の男子は下位カーストのナイル（ナーヤル）の女性と妻問い婚の形で緩やかな婚姻をするといった特殊な慣習があったのである。これはナイル・カーストが母系制をとるカーストであったために成り立ちうる特異な慣習であったのであるが、一番の悲劇はナンブーディリの女性であった。つまり彼女たちは、ナンブーディリの長男しか相手にできないわけであるから、ナンブーディリ女性の多くが結婚の機会を失うことになり、あるいは妻を失った年寄りの男性に娶あわされるなど、おかしな状況を強いられたのである。最高のカーストとしての特権とナイル・カーストにおけるゆるい婚姻関係の影響もあって、ナンブーディリの男性の間では、女性関係における退廃の風潮が漲っていて、何人もの女性と関係する、娼婦を家に連れ込むなどの行為は全く当たり前のように行なわれていたという。

そのような社会で、我々には想像もつかない屈辱を味わい、それに報復したナンブーディリの女性タトゥリの話が、小説の形で伝えられている。

図134 「像に乗ったコチンの王と貴族のナイロ」と題するリンスホーテン『東方案内記』の自筆挿絵。ナイロはナイル・カーストのことである。

彼女は若くして若いナンブーディリの男性と結婚するという大変な幸運に恵まれたのであるが、やがて夫が娼婦を家に連れ込んで、彼女はそれに耐えられずに実家にもどることになる。実家には、嫁ぎ先でいじめられ気が触れて戻ってきた姉、未婚の妹たちがいて、タトゥリには家の窓からそっと外の世界を見て気を晴らす日が続いた。しかし、目が合った男性に微笑んだことからおかしな評判がたち、兄嫁とも確執がおきて、結局は家を飛び出すことになる。彼女は夫に報復すべく、ナンブーディリの身分を隠して街頭に立つようになる。その評判を聞きつけて地方の名士たちが競って彼女を求め、ついにある日、夫を相手にすることになる。夫には、それがかつての妻だったことも判らず、快楽に酔いしれた後、知らされて驚愕したのである。

彼女は自分の身分を明かすことによって、カースト裁判にかけられ、ナンブーディリの身分を追放されるのであるが、そのカースト裁判の過程を通して男性が勝手気ままに振舞うナンブーディリ社会を告発し、また実際に彼女を買った何人もの上流の人々の家庭を崩壊させたのであった。その後タトゥリの名は、ナンブーディリの家庭では口にするのも恐れられたという。やがて、ナンブーディリの社会にも改革の動きが強まり、また、ナイル・カーストの方でも母系制を改めて父系制の核家族を作るようになり、タトゥリを生みだした特異な状況は消滅に向かった。

図135　ケーララの風景。そこここに入り江と水路があって、椰子の樹が影を落としている。

しかし、インド社会における一

般的な女性差別、女性蔑視は、今なお続いているようである。告白的自伝を出版したカマラーが、若い世代からは女性解放の旗手として喝采を浴びながら、伝統的社会からはふしだらな女という烙印を捺され、大変な非難をうけたことは、そのことを物語っていよう。彼女は一九八三年、ケーララの首都トリヴァンドラムから国会議員に立候補して落選している。

プーラン・デーヴィーとインディラ・ガンディー

今日なお続く女性差別をさらに雄弁に物語るのは、日本でも報道された「焼かれる花嫁」の話であろう。カーストによって風習が異なりはするものの、ヒンドゥー教社会で一般的には結婚に際して、女性側が男性側に対してかなりの額の贈与金(ダウリ)を支払い、結婚後も何かと金品をださせられる。そして、その額が少ないといじめられ、ついには焼き殺されるという事件が多発したのであった。夫の側は、つぎの結婚で、またダウリをとろうというのである。女性は、いつも弱い立場に置かれて、社会のしわ寄せが女性に向けられる。

しかし、最近、カマラーとはまた違った形で、それに敢然と立ち向かう女性が現れた。話題となったのは、「女盗賊プーラン・デーヴィー」である。彼女は低い農業カーストの貧乏な家に生まれ、種々の苦労の末結婚した夫にも虐待され、ついに盗賊団に加わった。

やがて一派の首領となって、かつて自分を輪姦した地主たちを襲い、殺すなどして報復した。地方の人々はそのような彼女に喝采を送り、彼女は免責を得てついに国会議員にまで選出されたのであった。

このプーラン・デーヴィーへの人々の喝采と国会への選出は、我々にインドの女性についてのもう一つの面へと目を向けさせる。実は、これまで述べてきた女性の差別、蔑視とうらはらに、インド、あるいは他の南アジアの国々における「女性」の活躍には、目を見張るものがあるのである。強権政治で恐れられながら、最後は弾圧したシク教徒の凶弾に倒れたインドのインディラ・ガンディー首相。これも父親の遺志を継ぎ首相となりながら、またその座を追われるなど、波瀾に富んだパキスタンのベナジール・ブット一首相。こちらも父母を首相として、自分は目下大統領の地位にあるスリランカのチャンドリカ・クマーラトゥンガ。そして、バングラデシュでも、女性の首相が続いている。

これらのケースには、父親の遺志を継いでといった共通点が見られ、

図136　プーラン・デーヴィー。盗賊団女性首領として騒がれたが、目下、二度目の国会議員を務めている。愛犬と共に。

図137　インディラ・ガンディーとその家族。インディラと長男ラジーブは暗殺され、次男サンジャイは航空事故で命を落とした。長男の嫁ソニアが目下、国民会議派総裁を務める。

またパキスタン、バングラデシュの場合にはイスラームという文化的枠組みの中の話であり、全てを単純に女性の力の表出として同一に論じることはできないかも知れない。しかし、ここに、インド亜大陸の宗教伝統における女神の崇拝という事実との連関を見ることは不可能であろうか。ヒンドゥー教の中には明白にそれがあり、インディラ・ガンディーの場合には、プーラン・デーヴィーのケースと並んで、そこに女性の力に対する期待、信頼感のようなものが込められていたように思う。インディラの最盛期、彼女が農村に遊説に出かけると、人々に女神のように崇拝されたといわれている。

女神崇拝とタントリズム

インドにおける女神崇拝の伝統は、古くはインダス文明の遺物の中に、地母神や生殖器をかたどったと思われるものの存在が見られ、アーリヤ民族進出以前の先住民文化の中に根強く存在していたものと思われる。それらはアーリヤ文化とは相容れないものではあったが、アーリヤ文化と先住民文化の混交が進むにつれ、五、六世紀以降にヒンドゥー教の枠組みの中での女神信仰として復活したのであった。地方地方に存在した女神が、多くの場合、シヴァの神妃という形でヒンドゥー教の大伝統の中に組入れられていったのである。ベンガル地方を中心に人気の高いドゥルガー女神、マドゥライのミーナークシ女神などは、その典型である。盗賊団女首領として地主を打ちのめすプーラン・デーヴィーの姿や、貧困追放（ガリビー・ハタオ）をスローガンにこぶしを振り上げて遊説するインディラの姿が、人々を守るために水牛の頭をもつ悪魔と戦うドゥルガー女神として映ったのは想像に難くない。

ということは、インドの文化的伝統の中に、女性の蔑視、差別という伝統と、女性の力を賛美する女神崇拝の伝統という、相反する二つの伝統が存在していたことになる。単純化していうならば、前者の伝統はアーリヤ民族の生み出したバラモン文化に根ざし、後者の伝統は先住諸民族の文化伝統に根ざすものであったと解釈される。それが今日のインドにおける、女性に対しての奇妙に相反する二つの態度を生み出しているのである。では、その二つの伝統は、全く別個のものとして存在し、両者が相交わることはなかったのであろうか。それは、決してそうではない。両者を統一しようという努力は、インド文化の中で確実に成されている。

すなわち、インドの文化伝統において、女性原理と男性原理を統一しようという試みは、タントリズムの中でなされてきたのである。タントリズムを一言で説明するのは容易でないが、それは静的な男性原理と動的な女性原理を合体させることによって宇宙原理を実現

図138　㊤メールマルヴァトゥールのシャクティ寺院にあるドゥルガー女神像。主神はシャクティ女神で、かつては下層カーストに信者が多かったが、今では上層カーストもお参りにくる。㊦寝たまま本殿の周りを転げまわるとご利益があると信じられていて、多くの人が転げまわる。

させ、それによって解脱を得ようとする試みである。この一元論的考えは、女神信仰が盛んになってくる時期とほぼ時を同じくして力を得るようになってきた。その最も強い形は、女神シャクティを最高神として崇拝するシャークタ派に見られるが、それぞれシヴァとヴィシュヌという男神を主神として崇拝するシヴァ派とヴィシュヌ派の場合にも、この時代、タントリズムへの大きな傾斜が見られたのである。その動きは、一〇世紀ころから急速に強まり、カジュラーホーに見られる男女合体（ミトゥナ）を表す彫像群は、その視覚的表現に他ならない。それより時代が下ったバクティ信仰としてのクリシュナ崇拝の展開におけるラーダー・クリシュナの姿もまた、その伝統を引き継ぐものである。

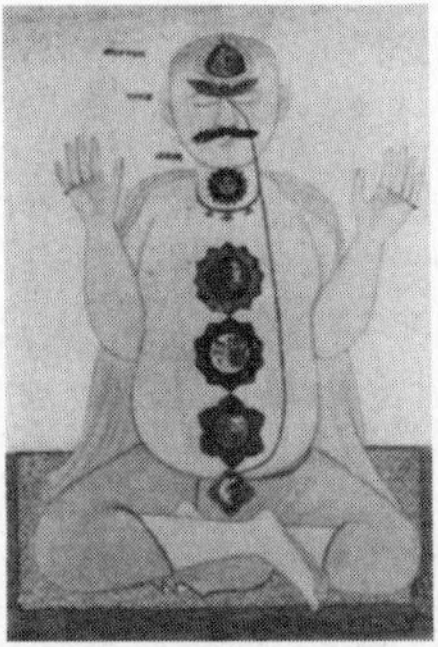
図139　クンダリニー・ヨーガの図。タントラ派の行法で、会陰部に眠るクンダリニー（シャクティ）女神を目覚めさせて、脊椎部の脈管に沿って上昇させ、頭頂部にいるシヴァ神に合一させる。

インド・フェミニズムの可能性

ここで、以上の問題を、インドにおけるフェミニズムの問題として捉えなおしてみよう。世界のフェミニズムの流れにおいて、第一波として捉えられ、一九世紀から二〇世紀の前半にかけて行なわれた女性解放の運動がある。西欧社会においても女

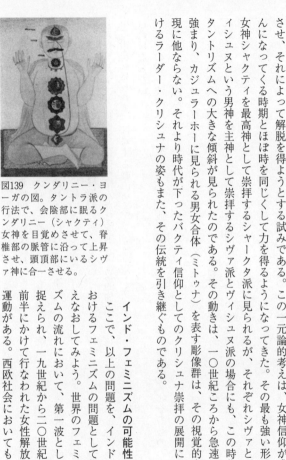

性が虐げられた立場におかれていた時代のことで、そこからの解放の戦いである。日本においても明治からそのような解放運動が行なわれてきた。インドにおける女性差別とそれとの戦いを見てみると、ケーララのタトゥリにしても、現代の焼かれる花嫁、そしてプーラン・デーヴィーのうけた地主のレイプにしても、全てこのフェミニズム第一波における差別の問題で、それからの解放の戦いとして位置づけられるものといえよう。日本の場合は、儒教的考え方、あるいは封建道徳に対する戦いというようにいわれたが、インドの場合には、カースト制度と密接に絡んだヒンドゥー教的倫理（それは先述の『マヌ法典』規定中に明白に見られる）に対する戦いであったと言えよう。それは今も続いていると言わなければならない。

以上の第一波の戦いに対して、第二波と呼ばれ、男性中心の性差別的文化そのものの変更を求める一九六〇年代以降のフェミニズムは、インドではどうなっているのであろうか。インドのシリコンヴァレーといわれ、ハイテク産業の町バンガロールで、一九九六年十一月、世界の美女を集めてのミスコンテストが行なわれたことがあった。そのとき、それに反対する女性たちが会場を取り囲んで治安部隊と衝突し、また、ある男子学生が抗議の焼身自殺をしたことがあった。インドにおいても、フェミニズム第二の波は確実に広がりつつあるのである。カマラーの自伝が提起した問題は、プーラン・デーヴィーの場合と異なって、第一波的な戦いを越えて、男性中心の社会そのものを糾弾する第二波の戦いであったともいえよう。

しかし、カマラーは九〇年代に行なわれたある文芸雑誌のインタビューの中で、「私のフェミニズムは、西欧の女性のそれとは異なる。私は男性と一緒にいることによって限りない喜びをうる」と述べている。カマラーは自伝の中で、夫を少なくとも肉体的に裏切ることを目的にした、すなわち、自己を解放するための男性遍歴がたそがれの時期を迎えたとき、クリシュナ神の愛にたどり着く。ヒンドゥー教の中に甘美な愛の世界をつくりだすクリシュナ神と牧女ラーダーとの愛は、先に述べたように、バクティ（帰依）信仰という形でのヴィシュヌ派における男性原理と女性原理の結合であり、カマラーが最後に求めたのは、タントリズムに則った、男女合体による宇宙原理への解脱なのである。

カマラーのいうフェミニズムを、性別役割を温存する母性主義として切り捨ててしまうことは容易だが、ヒンドゥー教の中に、世界のフェミニズムの内実をより豊かにしてくれる何物かを見出す

図140　カマラー・ダース女史（1993年）。

図141　ケーララの舞踊劇カタカリで演じられるクリシュナ神。

ことは不可能であろうか。第二波の戦いが終わったとき、インドのフェミニズムは一体どの方向に行こうとするのであろうか。二つの相反する原理を統合しようとしたインド思想の伝統を、新しいフェミニズムの創造という形で生かすことはできないのであろうか。

参考文献

・渡瀬信之『マヌ法典——ヒンドゥー教世界の原型』中公新書、一九九〇
・マドゥー・キシュワール／ルース・バニタ編『インドの女たち』鳥居千代香訳、明石書店、一九九〇
・エリザベス・ビューミラー『一〇〇人の息子がほしい——インドの女の物語』高橋光子訳、未来社、一九九三
・粟屋利江「インド女性史研究の動向」『南アジア研究』第七号、一九九五
・ジョアンナ・リドル／ラーマ・ジョーシ『インドのジェンダー・カースト・階級』重松伸司

監修訳、明石書店、一九九六
・バーバー・パドマンジー／パンディタ・ラマーバーイー『ヒンドゥー社会と女性解放』小谷汪之・押川文子訳、明石書店、一九九六
・カマラー・ダース『解放の女神——女流詩人カマラーの告白』辛島貴子訳、平河出版社、一九九八
・マラ・セン『プーラン・デヴィの真実』鳥居千代香訳、未來社、一九九八
・Lalithambika Antherjanam, *Cast me out if you will*, tr. Gita Krishunankutty, STREE, Calcutta, 1998

15　マハトマ・ガンディーの試み――糸車をまわす

誕生から南アフリカ時代まで

この章では、インドの独立に尽くしたマハトマ・ガンディーについて考えてみよう。ただし、その考察の視点は、独立運動の闘士ということではなく、ガンディーが身を賭して実現しようとしていたことは一体何であったのか、というところに置かれる。しかし、それでもはじめに、彼の誕生から独立直後の死に至るまでの生涯を見なければならない。

ガンディーは一八六九年一〇月二日ポールバンダルに生まれた。グジャラート地方のアラビア海に面した半島にある町で、父親は小さな藩王国の宰相をしていた。元来はモード・バニヤーといって食料品を扱う商人カーストのヒンドゥー教徒の家系であったが、祖父の代から藩王を補佐する役目についていた。母親は菜食を守り信仰心に富んだ敬虔な人で、家族の無事を願ってよく断食をしたりしていたという。断食を含めて、自己犠牲をいとわない敬虔なヒンドゥー教徒としてのよき伝統を、ガンディーはその母から受け継いだといわれている。また、この地方にはジャイナ教徒も多く、その影響も見られるようである。

学校では恥ずかしがりやであったが、曲がったことは大嫌いという芯の強さを持っていた。一三歳のとき、当時の風習にしたがって、同じカーストの少女カストゥルバーイーと結婚している。同い年であった彼女の学校教育は不充分に終わり、結局彼女は文字を書けずに一生を閉じている。ガンディーは一六歳のときに父を亡くしたが、一九歳のとき一族の栄誉を担ってイギリスに留学する。彼ははじめイギリス紳士の生活をしようとしてイヴニングや山高帽を買い、フランス語を習い、ダンスの練習までしたという。しかし、途中でその無意味さに気がついて、弁護士資格試験を目指した勉強に専念するようになる。

図142　ガンディーの父、カラムチャンド。

図143　ガンディーの母、プトゥリーバーイ。

図144　7歳のころのガンディー。

図145　イギリス留学時代のガンディー。

図146　アフリカ時代のガンディー（中央）。ヨハネスバークの弁護士事務所。

母との約束の菜食を守るのに、はじめは苦労をしたが、あるとき菜食食堂を見つけてそれが解決した。そこでさらに、菜食に積極的意味のあることを知って、自ら菜食者クラブを組織した。このロンドン滞在中に彼はヒンドゥー教の古典に接し、『バガヴァッド・ギーター』のすばらしさに打たれる。それと同時に、キリスト教の聖書、仏教についての著作を読んで、それらにも深い感銘をうけている。弁護士資格の方は三年目に試験に合格し、高等法院に名を登録して直ちに帰国したのであるが、ボンベイで兄から母の死を知らされる。ガンディーはその後ボンベイで弁護士となるが、ぱっとせずにいたところ、南アフリカに住む兄の友人から訴訟事件の依頼をうけ、一年ほど滞在のつもりで、ナタールに向かう。

この南アフリカ滞在中に有色人種に対する厳しい差別に遭遇し、ガンディーの運命は大きく変わることになった。一等車に乗っていた彼は、ある高原の駅で荷物と共に放り出され、寒さに震えて過ごしたその夜、彼の内心にある変化が起こったのである。彼はその後、南アフリカのインド人の権利を守るための活動をはじめ、訴訟事件解決後もその地に留まって、インド人の選挙権を制限する法律、暗黒法といわれたアジア人登録法などの成立を阻止する運動を組織した。それまでのイギリス風の生活も捨てて、彼はフェニックス農園、トルストイ農場などを造って、そこで運動に参加する人達との共同生活をはじめた。

運動の過程で彼が生み出し、サティヤーグラハと名づけられた非暴力、非協力の闘争方法、これはインドに帰国して後の独立運動を通じて有名になったやり方であるが、それが生み出されたのは、この南アフリカにおいてであった。彼の滞在は、一時帰国を含めて、二一年に及び、一九一五年に帰国したとき、彼は四五歳になっていた。アフリカ滞在中からインドの国民会議派と連絡をとっていた彼は、帰国後は、アフマダーバードに設けた共同生活のアーシュラム（道場）を拠点に、国民会議派とともに独立運動を展開して行く。

インド国民会議派とともに

彼ははじめインドでは無名に近かったが、程なくビハールの藍産農民に対するイギリス人地主の不当な搾取をやめさせることに成功し、続いて、アフマダーバードでの紡績工場の争議をも調停し、一躍その名を知られることになった。この争議調停に際して彼は断食を行ない、これはその後、彼の指導する運動の危機的局面に際してしばしば用いられることになった。第一次世界大戦に協力したインドに対し、イギリスは一九一八年に弾圧法を制定しようとしたが、それに反対する闘争として彼が編み出したのは、全国一斉のハルタール(ストライキ)であった。これは単なるストライキではなく、皆が自分の仕事を休み、集会を開き、断食を行ない、インド独立のための祈りを捧げるというものであった。彼の非凡さは、ストライキという職場放棄の行為を、インドの生活伝統の中にある断食や祈りと結びつけたところにあり、ハルタールは各地で整然と行なわれ、成功した。ここから独立運動は大きな盛り上がりを見せたのであるが、そこに起こったのが、アムリトサルの大虐殺であった。弾圧法撤回のための抗議集会が各地で行なわれ、ガンディーの意に反して暴力事件も起こっていたのであるが、アムリトサルの公園に集まっていた老若男女二万人に対し、ダイヤー准将の指揮下に無差別の銃撃が行なわれ、出口を塞がれた人々は逃げ惑い、インド側の調査では死者が一五〇〇人に上ったという。

全インドがこれに抗議し、ガンディーの非協力の呼びかけに対して人々は立ちあがった。そこに今度は、警官の暴行に怒った人々が警察署を襲い二二人の警官を焼き殺すというチャウリ・チャウラー事件が起こった。これにショックを受けたガンディーは、ネルーその他の国民会議派幹部の反対を押しきり、大きく盛り上がっていた非協力運動の即時中止を決定した。人々が未だに非暴力の意味を理解していないというのが中止の理由であった。ガンディーは逮捕され、釈放後も彼は政治活動からは身を引いて、糸を紡いで布を織る、不可触民制度を撤廃する、ヒンドゥー・ムスリムの対立を解消するなどの「建設的プログラム」の遂行に尽力した。

図147　アムリトサルの虐殺。1919年4月3日、ジャリアーンワーラー公園に集まっていた人々に、ダイヤー准将率いるイギリス軍が一斉射撃を加え、およそ1500人が命を落とした。

彼が再び政治の表舞台に登場し、脚光を浴びるのは一九二八年のサイモン委員会の訪印を機に、完全独立への機運が高まった一九三〇年のことであった。不服従運動のやり方として彼がこのとき生み出したのは、「塩の行進」であった。塩税法によりインド人は自ら塩を製造する自由を奪われていたのであるが、彼は海岸で塩を採ることによってイギリスの作った悪法を破ることを宣言した。彼はアーシュラムから二四日をかけて大勢の人々と海岸まで行進し、採塩を実行した。ガンディーは即刻逮捕されたが、これは再びインド全国を熱狂の渦に巻き込み、人々はわれもわれもと海岸に繰り出して塩をつくり、その結果投獄された者の数は一〇万人にも上ったという。

図148　塩の行進。1930年、アフマダーバードから24日かけての行進の後、ダンディーの海岸で塩を拾うガンディー。

困惑したイギリスはロンドンにインド各勢力の代表を招いて円卓会議を開き、そこでインドの自治についての話し合いをすることにした。第二回の会談を前に国民会議派との妥協が成立し、ガンディーがその代表としてロンドンに赴いたが、イギリスは宗教やカーストに基づく対立をあおってガンディーを孤立させてしまった。会議では何の成果も得られなかったが、彼はこの訪問に際し、ロマン・ロランやチャップリンなどいろいろの人との親交を深めている。帰国後再び投獄されたが、一九三二年になると、不可触民の分離選挙問題が起こった。不可触民保護のために特別の選挙区を設置しようというイギリスの提案であったが、ガンディーはそれが逆に不可触民制を固定するとして反対し、死に至る断食を実行した。これには分離選挙を主張していた不可触民の指導者アンベードカルも妥協を余儀なくされ、案は撤回された。

第二次世界大戦から独立へ

その後ガンディーは不可触民の差別撤廃を目指す運動に専念した。一九三五年には新しい「インド統治法」が成立し、地方行政についてはインド人による自治が導入され、三七年の選挙では、五つの州で会議派の政権が、二つの州でムスリム連盟の政権が誕生した。しかし、イギリスはなおインドの自治を認めようとしなかったが、三九年の第二次世界大戦の勃発によって事態は急展開し、四一年の日本の参戦によって戦争が東南アジアに拡大し、インドは直接の脅威にさらされることになった。しかし、それでもイギリスはなお自治を認めようとしなかったので、国民会議派は「インドを出て行け」という決議と共に、強力な不服従運動を展開した。ムスリム連盟もパキスタンの独立を要求した。ガンディーをはじめとして会議派の主立ったメンバーはみな逮捕され、全国に騒擾が広がる中、彼は獄中で六〇年余り連れ添った妻カストゥルバーイーと死別している。

図149　ムスリム連盟を率いたジンナー。パキスタン建国の父となった。

戦争終結後はついにイギリスもインドを手放す決意を固めたが、問題はいつどのような形で手放すかで、とくに、それまでの「分離統治」政策のために、ヒンドゥー・ムスリム両者を含む一つのインドとしての独立を主張する国民会議派と、ムスリムだけの国家を作ろうとするムスリム連盟が二大勢力として対立してしまっていて、どちらを相手に交渉すればいいのか、交渉は難航

図150　農村を行くガンディー。

した。その過程で、ヒンドゥー・ムスリムの対立は決定的となり、四六年の八月以降パンジャーブとベンガルで両教徒同士の殺し合いが始まった。ガンディーは両者を融和させるためにカルカッタに急行し、寝食を忘れてベンガル・ビハールの各地を行脚した。

一九四七年八月、インドとパキスタンに分かれて独立は達成されたが、デリーでのインドの独立式典にガンディーの姿はなかった。彼はその間にも、流血の嵐の吹き荒れるカルカッタにあって両教徒を融和させる努力を続けていたのである。その後彼はパンジャーブに行くため一度デリーに戻ったが、一九四八年一月三〇日、逗留していたビルラの邸で夕べの祈りに行く途中、狂信的ヒンドゥー教徒の手で暗殺された。暗殺の理由は、彼が余りにもムスリムに譲歩し過ぎるというものであった。ピストルの弾を受けたときに彼の口から漏れた言葉は、「おお、神様」であったといわれる。

近代文明国家批判

以上は、ガンディーの生涯のあらましであるが、ここでガンディーが生涯をかけてなそうとしたことの意味を考えてみよう。ガンディーについての著作は翻訳を含めてわが国で数多く出版されていて、この章での記述はそれら、とくに森本達雄、長崎暢子、田畑・片

図151　ビルラ邸でのガンディーの部屋。1948年1月30日、ここから人々との夕べの祈りに向かい、その途中で暗殺された。

山諸氏の業績に負うところが大きい。訳文もそれらから適宜使用させていただいた。ガンディー自身が膨大な著作を残しているのであるが、注目されるのは、アフリカ滞在中にロンドンに行った帰り、船中で一気に書き上げた『インドの自治』という小編である。ロンドンで出会った暴力（テロ）に訴えてでもインドを解放しようというインド人青年を読者代表に仕立て、その読者と編集者としてのガンディーが対話する形で書かれたものである。時あたかも日露戦争に勝った日本のようにインドを改革して、軍隊を作り、世界にその栄光を示そうという青年に対し、ガンディーは言う。「……それは、われわれはイギリス人抜きのイギリス統治を欲しているということになります。あなたは虎（イギリス人）は欲しないが、虎の性を欲しているのです。あなたはインドをイギリス風にしたいという訳です。……これは、わたしが望んでいる自治（スワラージ）ではありません」。彼によれば、「日本にはためいているのは実はイギリスの旗」なのであって、日本はすでにイギリス風になってしまったと、哀れんでいる。それはガンディーの目指すインドの独立ではなかった。

図152　喜劇俳優チャップリンと語る。

図153　文豪ロマン・ロランと語る。

では、ガンディーは一体インドをどのようにしたいというのであろうか。彼は、インドの現状について、「インドはイギリスの（踵に）ではなく、近代文明の踵に踏みにじられている」と言い、欲望と快適さを追求し、全てを機械にやらせようという近代文明を「悪」として糾弾するのである。ここでわれわれは、チャップリンの作った「機械時代」という映画と、ガンディーがチャップリンやロマン・ロランと会談したことを思い出す。イギリスをはじめとする西洋諸国は、日本も含めて、その近代文明に毒されていて、インドはそのようになってはいけないという。だから、イギリスの支配からは解放されなければならないが、インドをイギリス風の国にしてはいけないというのである。彼が求めたのは、インドをイギリスの支配から単に政治的に独立させるということではなく、機械に象徴される近代文明の悪からインドを守り、新しい社会を築くことであった。

心の変革と村での仕事

彼は文明について、単に機械の使用を批判しただけでなく、「本来文明とは、人に義務の道を教える一連の行動です。義務の遂行とは道徳の遵守であると言い換えることもできます。道徳を守るということは、自分の心と情欲を抑えられるようになるということです。……グジャラート語では、文明とは「よい行い」を意味します」「私たちの祖先は、快楽にふけることに限度を設けました。幸福とは主に心の状態であることに気づいていたのです」と述べている。それが、どういう訳か、そのことを忘れ、「自らがこの国をイギリス人に差し出し」てしまったのであるという。以上の引用からも判るように、ガンディーにとって大切なのは心の問題なのであった。自分たちが回復しなければならない文明は、真理（正しいこと）を目指して自己抑制をする文明なのである。

図154　円卓会議に際し訪れたランカシャーの紡績工場で、人々の大歓迎を受けた。

彼がイギリスとの戦いの中で説き、実践した、非暴力、非協力、不服従、断食、菜食、その他は、したがって全て以上のような理解に裏付けられ

図155　チャルカーをまわし糸をつむぐガンディー。

た心の問題であった。インド人にそれが出来れば、イギリス人は自ずからインドを出て行くか、インドに倣わなければならなくなる、そのような精神性をもつ実践なのであった。もちろん彼は、妥協ということを誰よりもよく知っている現実的政治家でもあって、それ故にイギリスとの交渉において、多くの「勝利」をも得ているのであるが、彼の目指すことの根本は、人々の心の変革であり、愛の心を回復することなのであった。

具体的な問題として、彼は、鉄道も、電気も、薬も、一般には文明の成果とされる全てのものを否定的に捉える。それは快楽と堕落を意味するからである。でも、だとしたら、機械なしに、現実に人間はどのように生きていけるというのであろうか。どのように自分たちの日常生活を支えて行ったらいいのであろうか。そこで彼が重視するのは、それまで村々で伝統的に行なわれてきた手仕事であった。彼の運動としてよく知られた、糸車（チャルカー）によって糸を紡ぎ、それを手織りで布（カーディー）にする行為は、そこに位置づけられる。もちろんそれは象徴的意味をしかもたないが、彼は別のところで言っている。「我々は糧を得るために働かねばならないのです。額に汗して得た物を食べねばならないのです。」「機械を使えば、容易に事が運ぶのは間違いありませんが、だからといってそれが幸福をもたらすとは必ずしも言えません。堕落するのは簡単ですが、危険でもあります。」

彼はインド社会復興の鍵を「村落の自治」に求め、つぎのように言う。「村を搾取することはそれ自体が組織化した暴力です。もし我々が非暴力（アヒンサー）の上に自治（スワラージ）を打ち立てたいのであれば、村がその自治にふさわしいものとなる必要があります。村の産業を再興することなくして、これは不可能です。ですから、外国資本、国内資本を問わず都会の工場で製造した物を使用しないで、村で作られた物を使用することが非常に重要となります。……カーディーは村の主要な手工業です。カーディーを殺せば、村を殺すことになり、それと一緒に非暴力まで葬られてしまいます。」

われわれの問題として

膨大なガンディーの著作から、もうこれ以上に引用することは不可能だが、これによっても、彼が近代文明を真っ向から否定していることは明らかであろう。彼は、経済学についても、真の経済学は倫理性を持たなくてはいけないといっている。しかし、問題は、われわれ全ての人間が、常に心を抑制するようなことが果たして可能であるのか、また、農業とカーディーに象徴される手工業生産だけによって生活を成り立たせて行くことが果たして可能なのかである。答えは恐らく「ノー」であろう。

機械文明は恐らくガンディーの予想をもはるかに越えて、ジェット機、テレビ、コンピューター、スペース・シャトルと進んでしまった。しかし、それとともに、ガンディーが予測し心配していた近代文明、機械文明の「悪」が、われわれの生存を脅かし始めているのもまた確かである。現実のインドは、かつてガンディーが哀れんだ日本のように、他国を威圧する軍事大国となってしまった。他方、日本は科学技術の先端を行く諸国に伍して、この先どこまで突き進もうというのであろうか。どうしたらわれわれは、非暴力、自己抑制の社会を築き上げることが出来るのであろうか。ガンディーが身を賭して行なったのは、その問いかけである。やっと自然との共存が注目されるようになり、核軍縮への意識も高まってきた現在、ここで再び、ガンディーの残した言葉の意味を検討してみることが必要なのである。

図156　ガンディーの遺骸が荼毘に付されたジャムナー河畔に作られた記念碑。

参考文献

・森本達雄『ガンディー』（人類の知的遺産・六四）講談社、一九八一
・ガンジー『ガンジー自伝』蠟山芳郎訳、中公文庫、一九八三
・辛島昇『ガンジー』（少年少女伝記文学館19）講談社、一九八九
・長崎暢子『ガンディー――反近代の実験』岩波書店、一九九六
・M・K・ガンジー『ガンジー　自立の思想』田畑健編・片山佳代子訳、地湧社、一九九九

Anatomy of a Confrontation, S. Gopal 図2
Bagesvari Silpa Prabandhavali, Abanindranath Thakur 図101
Deciphering the Indus script, Asko Parpola 図36～40
Femina 誌 図31
Indian Palaeography, Ahmad Hasan Dani 図44～5
Kandy, Anuradha Seneviratna 図122
MGR: The Man and the Myth, K.Mohandas 図117, 図119
Passion of the Tongue, Sumathi Ramaswamy 図12～3
Periyar E.V.Ramaswami, Anita Diehl 図15
Rama, Amar Chitra Katha 図3～4
Sati: Widow Burning in India, Sakuntala Narasimhan 図132
Sher-Gil, Lalit Kala Akademi 図109
So Many Cinemas: The Motion Picture in India, B.D.Garga 図115
The Crescent Moon, Rabindranath Tagore 図106～7
The Image Trap: M.G.Ramachandran in Film and Politics, M.S.S.Pandian 図118
The Sunday Times 紙 図25, 図27
Woman's era 誌 図30

表記のないものは著者撮影

写真・資料提供一覧

朝日新聞社（『朝日百科』世界の歴史） 図1, 図6, 図53, 図64, 図71～3, 図130, 図139
アジア映画社＋オフィスサンマルサン（映画『ボンベイ』パンフレット） 図121右上中下
岩波書店（『ガンディー』長崎暢子） 図144, 図146～50, 図155
岩波書店（『東方案内記』大航海時代叢書Ⅷ） 図133～4
岩波ホール（映画『チェスをする人』パンフレット） 図112
（映画『遠い雷鳴』パンフレット） 図114
大岡幸子 図23～4
大村次郎 図35, 図63, 図66, 図70, 図85～6, 図91, 図94, 図96～8, 図129
金沢陽 図75～7, 図81～4
講談社（『ガンジー』辛島昇） 図142～3, 図145
志賀美和子 図93, 図128
新潮社（『インド』辛島昇監修） 図95, 図103, 図137
ゼアリズ（映画『インディラ』パンフレット） 図121左
西武美術館（『タゴール展』カタログ） 図110
第三文明社（『タゴール著作集・別巻』） 図100
中央公論社（『岡倉天心』色川大吉） 図99
中央公論社（『多重都市デリー』荒松雄〔中公新書〕） 図62
東京都庭園美術館（『アジア近代絵画の夜明け展』） 図104
日本放送出版協会（『ＮＨＫ海のシルクロード』立松和平・辛島昇・ＮＨＫ取材班） 図80
福岡市美術館（『近代アジアの美術』） 図108
未來社（『プーラン・デヴィの真実』マラ・セン，鳥居千代香訳） 図136
山川出版社（『南インド』辛島昇・坂田貞二編） 図16, 図42
Abanindranath Tagore and the art of his times, Jaya Appasamy 図102, 図105

解説　平和で豊かな世界を築いていくために

竹中千春

我が家で辛島昇先生と言えば、バブル時代に大ヒットした漫画『美味しんぼ』に登場したカレー学の大先生だ。食いしんぼの夫が見つけてきた本を片手に、大騒ぎしながら二人で料理した覚えがある。漫画原作者の雁屋哲氏が、先生とパートナーの貴子さまの共著『カレーの身の上』『カレー学入門』（いずれも河出書房新社）に感動されたのがきっかけだという。近くは、二〇〇九年に写真家の大村次郷氏と『インド・カレー紀行』（岩波ジュニア新書）を出されて二一世紀版のカレー学にブラッシュアップされたが、本著『インド文化入門』の第一〇章にも、「カレー文化論」が置かれている。ファンとしては、とてもうれしい。

とはいえ、地域研究者が研究対象の土地の風物や食べ物を紹介すること自体は、よくあることだろう。私でさえ、尋ねられれば、四苦八苦しながら説明している。けれども、辛島先生のカレー学は、そんな素人のレベルをはるかに超えた域の高度に学問的なものだ。

「食」のあり方、「食」をめぐる人々の姿、そして「食」をめぐる社会そのものに、文化の真髄をとらえようとする人間学と言ってもよい。その内容は、今日から古代までの長い時間を遡り、ヒマラヤ山脈の向こう側からインダス川やガンジス川を通り、砂漠を越え、さらに海を渡って東西の世界へと広がっていく。先生の手によって、悠久のインド文化の総体が、一皿のカレーライスに生き生きと蘇る。

そもそも、インド料理とはスパイスとミルクを主要要素とした料理の総称だと、先生はいう。しかも、つい数十年前までは「インド料理」の本はめずらしく、イギリス人などの外国人が書いた本が目立つほどだった。人々の食す料理は、地方や宗教やカーストなどの異なる、それぞれの家族の中で継承されてきたものだったからだ。スパイスやミルクを共有してはいても、正しい料理とか誤った料理があるわけではなく、ほぼ無限に多様な「食」がインド料理であったと、論じられている。また、食べ物は常に変化してきた。人の移動、農業や交易の変化、技術革新、王朝の栄枯盛衰、イスラームの登場、欧米諸国の進出、大英帝国の支配。二〇世紀には、植民地独立をめざすナショナリズム、国家の樹立、カースト・民族・宗教の運動。最近では、都市化、市場経済の拡大、グローバリゼーションなどの動きが、「インド料理」を形作り、変貌させている。スパイスの香るインド世界のダイナミズムである。

前置きが長くなったが、本書について語ろう。実におもしろい本だ。どんどん頁を繰りたくなる。放送大学の「南アジアの文化を学ぶ」の授業のために書かれた教科書で、各章が一話完結で構成され、どの章から読んでもよい。たいていの教科書は、知識をできるだけ詰め込もうとして堅苦しく説教くさいものだが、この本は違う。ミステリー仕立ての謎解き本のようだ。未知の世界のインドに迷い込んだ読者たちは、まるで「不思議の国のアリス」のように、白うさぎもどきの走って行く先生を追いかけて前に進む。常識がひっくり返り、謎の人物や奇妙な光景が次々と登場する。けれども、なんとか先生に付いて走っていくと、やがてゴールにたどり着き、先生から謎解きを教えてもらう。「そうだったのか」と心底納得するような答えである。わくわくする知の冒険だ。

冒険のテーマは、身近なものを「手がかり」としてインド文化論を探るということだ。読者を導く先生は、疑いなく偉大な歴史家であり、インド研究の大家にほかならない。けれども、先生が真実を追究する姿勢は、ずいぶん従来の学者のイメージとは異なっている。一九世紀以来、ヨーロッパから生まれた近代の歴史学では、公文書館で史料を収集し、図書館で書籍を読破し、それらをもとに過去の出来事を科学的に証明するという方法が正統とされてきた。先生はそうした学問の王道を踏まえつつも、そこに内在する限界を打ち破るために、独自の研究手段を繰り出す。そして、壁を突破するためのヒントやひらめきを、ご家族でインドに滞在された経験とか、友人との会話とか、日常の暮らしの中から引き出してくる。まさに、斬新な「知の技法」をやさしく教えてくれる、理想的な先生だ。

ざっと本書の内容を見てみよう。最初の四つの章は、インドを知るためのキーワードを扱う。第一章は、古代インド叙事詩『ラーマーヤナ』。高校の世界史で『マハーバーラタ』とともに習うが、それは何かという問いは、なかなかむずかしい。第二章では「言語・民族の問題」、第三章は「カーストとは何か」、第四章は、インドの新聞に載せられた求婚広告を貴子さまと調査された成果をもとに、結婚とバラモン社会を論じる。ここには、身近なものを「手がかり」にする手法が駆使されている。続く四つの章では趣向を変え、ややオーソドックスに、けれども十分に挑戦的に、王朝と宗教や文化の歴史を取り上げる。第五章はインダス文字とその解読、第六章は石造ヒンドゥー寺院壁の刻文研究、第七章はインドとスリランカの仏教史、第八章は、デリー・スルタン朝とイスラームの影響である。インド亜大陸の文化を時間軸で貫く章立てだ。このあたりに関心のある方は、やはり放送大学の教科書として先生が執筆された『南アジアの歴史と文化』(一九九六年)を読んでほしい。

本書の後半では、より個性的なトピックが焦点となる。第九章は「胡椒・陶磁器・馬」として海を渡る交易、第一〇章ではカレーとインド料理、第一一章では、タゴールと岡倉天心以来の日印交流と近代絵画の成立、第一二章では、インドの黒澤明とも言われるサタジット・レイ監督の作品を論じる。そして、いよいよ最後の四つの章だが、いずれも苦境にも負けず戦い続けるインドの人々の勇姿が描き出される。第一三章では、イギリスの軍勢に断固として抵抗した、マイソール王国のティプ・スルタンの生き様を、第一四章では、社会の中で抑圧されてきた女性の戦いを描き出す。ただし、女性蔑視の規範と並んで、女神の力(シャクティ)を讃える女神崇拝の伝統も根強いインド文化の二面性を指摘し、女性首相インディラ・ガンディーや女盗賊プーラン・デヴィにも言及する。いよいよ最後の章では、インドの独立運動とともに現代世界に深い影響を与えたマハートマ・ガンディーを語る。

ざっと見ただけでも、これだけ多様な議論を展開することは、先生以外の誰にもできそうにない。なかでも、ご自身の長年の研究をまとめた章は圧巻だ。第六章では、中国史と異なり、「史書なき歴史」といわれるインド史の限界に挑む試みとして、岩や石柱や寺院の壁などに刻まれた文字を発見し解読するという研究方法を紹介してくれる。アフガニスタンからガンジス川流域、デカン高原に及ぶ「アショーカ王の碑文」、さらに南インドのチョーラ朝のタミル語刻文を取上げる。王の名、農村の様子、課税の仕方、家畜や品物や食事などを伝える古い刻文の向こうに、過去のインド社会が透けて見えてくる。先生は、歴史研究のシャーロック・ホームズのようだ。

「海のシルクロード」を語る第九章も、辛島先生の研究を凝縮したものだ。中国とギリシア・ローマをつないだユーラシア大陸の「陸のシルクロード」とともに、インド亜大陸やスリランカを真ん中に挟んで、東アジアと東南アジアから中東・北アフリカ、そして地中海を結ぶ「海のシルクロード」が活発な交易ルートとして利用されていた。ローマの人々は南アジアの産する胡椒や中国の陶磁器を求め、インドの人々は運搬や戦争の道具としてアラビアの馬を求めた。古代文書に残された記述をたどり、地図に書かれた地名や行路を説明する先生の文章を読んでいるうちに、青い海を走るダウ船に乗って海風に吹かれているような気がしてくる。鮮やかな写真を見たい方は、大村次郷氏と先生の共著『海のシルクロード――中国・泉州からイスタンブールまで』（集英社、二〇〇〇年）を手にとってほしい。

私自身は法学部で政治学を学び、現代インドの政治を研究してきたので、残念ながら辛島先生の授業や演習に出席したことはなかった。しかし、折に触れて、先生に温かい力をいただいてきたように思う。最後に先生にお会いしたのは、東京大学のキャンパスに近い丸ノ内線の本郷三丁目駅である。短い間だったが、電車の中で先生とお話しできたのは、まさに僥倖だった。お元気ですかと伺ったら、体調が良くなったので、しばらくしたらインドに行きたいと思います、というお答えが返ってきた。「海辺で陶器の破片を拾うんです。壺とかお茶碗とか、中国の古い器のかけらが見つかるんですよ」、と笑顔で話してくださった。二一世紀のインド太平洋構想とか日印の安全保障協力といった忙しない事柄を追いかけている自分を振り返り、先生の言葉に心底感動したことを覚えている。ぜひとも先生をお招きしてインド洋のお話を伺おうと思っていた矢先、突然の訃報を受け取った。

悲しい知らせだった。

さて、一九九一年、つまりインドが社会主義国家であった最後の年に奈良康明先生と共著で出された『インドの顔』（生活の世界歴史5、河出書房新社）でも、本書と同じように、宗教や民族やカーストや女性や都市と農村の生活を書かれた後、最後に「改革の思想」という章を置いたが、そのときの英雄はアンベードカルだった。不可触民とも呼ばれて厳しい差別を受けてきた人々の解放を呼びかけ、人間の平等を説く仏教への改宗を呼びかけた指導者である。対照的に、本書が出版された二〇〇〇年前後のインドは、グローバル市場経済に参入し、経済成長と大国化をめざす国となり、しかも時の政権は核実験を行い、カシミールでの武力紛争に勝利したヒンドゥー至上主義勢力の掌中にあった。『ラーマーヤナ』の主人公である理想の王子ラーマの名を叫ぶ人々が、大規模な反イスラーム暴動を引き起こした時期である。だからこそ、第一章で『ラーマーヤナ』が取り上げられ、「時代、地方、一元化を拒む豊かな多様性こそがこの物語の特質だと、幾重にも説明される。そしてそれを必要とした人々の立場によって、さまざまな姿を示している」のがラーマ物語であり、古代史家ロミラ・ターパル教授の言葉を引いて、それは「インド人全体で行ってきた「文化表現」なのである」、という。そして最終章では、多宗教の共存、とくにイスラームの人々との共存を訴え、非暴力主義を説いたマハートマ・ガンディーを取り上げて、本書を締めくくる。先生のインド文化論は、現実の問題に翻弄されながらも未来への出口を探る、膨大な数のインドの人々への愛と尊敬に貫かれながら、常に変化してきたのだと思う。

そして、この本が出版されてから、もう二〇年が経った。未だに何億もの貧しい人口を抱え、中国に次ぐアジアの大国として注目されるようになり、インド系の人々がグローバルに活躍する時代を迎えている。と同時に、現在のインドは、新型コロナ・ウィルス感染症の拡大、経済的な落ち込み、民主主義の屈折、中国との国境紛争など、さまざまな困難に見舞われている。だからこそ、先生の言葉は、改めて心に沁み込んでくる。

多くの民族が来住し、異なった文化がぶつかり合いながら、その中から「インド」文化という一つの文化を作り上げた南アジアは、いかにすれば異なった民族がこの一つの地球で共存していけるかを、われわれに教えてくれるものと期待される。そこにこそ、われわれが南アジアの文化を学ぶことの意味がある。

本を読み、新たな知識を学ぶ目的は、蒙を啓いて自らの殻を破り、さまざまな人々との出会いを楽しみ、平和で豊かな世界を築いていくためではないか。かつてブッダの教えを生み出したインドは、現代を生きる私たちにも創造的な知恵や温かい勇気を発信し続けているのではないか。たまたまインドを研究したご縁で、辛島先生に出会い、尊い教えをいただいた幸いを心から感謝しつつ、筆を置きたい。

（立教大学法学部教授）

ま行

ら行

か行

さ行

た行

な行

は行

ま行

や行

ら行

地名索引

あ行

な行

は行

た行

か行

さ行

や行

ら行

わ行

事項索引

あ行

索引

人名索引

あ行

か行

さ行

ムッソリーニ　ロマノ・ヴルピッタ

統一国家となって以来、イタリア人が経験した激動の歴史。その象徴ともいうべき指導者の実像とは。既成のイメージを刷新する画期的ムッソリーニ伝。

資本主義と奴隷制　エリック・ウィリアムズ　中山毅訳

産業革命は勤勉と禁欲と合理主義の精神などではなく、黒人奴隷の血と汗がもたらしたことを告発した歴史的名著。待望の文庫化。（川北稔）

中華人民共和国史十五講　王丹　加藤敬事訳

八九年天安門事件の学生リーダー王丹。逮捕・収監後、亡命先で母国の歴史を学び直し、敗者たちの透徹した認識を復元する、鎮魂の共和国六〇年史。

増補 中国「反日」の源流　岡本隆司

「愛国」が「反日」と結びつく中国。この心情は何に由来するのか。近代史の大家が20世紀の日中関係を解き、中国の論理を描き切る。（五百旗頭薫）

世界システム論講義　川北稔

近代の世界史を有機的な展開過程として捉える見方、それが〈世界システム論〉にほかならない。第一人者が豊富なトピックとともにこの理論を解説する。

中国の歴史　岸本美緒

中国とは何か。独特の道筋をたどった中国社会の変遷を、東アジアとの関係に留意して解説。初期王朝から現代に至る通史を簡明かつダイナミックに描く。

大都会の誕生　喜安朗　川北稔

都市型の生活様式は、歴史的にどのように形成されてきたのか。この魅力的な問いに、碩学がふたつの都市の豊富な事例をふまえて重層的に描写する。

共産主義黒書〈ソ連篇〉　ステファヌ・クルトワ／ニコラ・ヴェルト　外川継男訳

史上初の共産主義国家〈ソ連〉は、大量殺人・テロル・強制収容所を統治形態にまで高めた。レーニン以来行われてきた犯罪を赤裸々に暴いた衝撃の書。

共産主義黒書〈アジア篇〉　ステファヌ・クルトワ／ジャン＝ルイ・マルゴラン　高橋武智訳

アジアの共産主義国家は抑圧政策においてソ連以上の悲惨を生んだ。中国、北朝鮮、カンボジアなどでの実態は我々に歴史の重さを突き付けてやまない。

ヨーロッパの帝国主義　アルフレッド・W・クロスビー　佐々木昭夫訳

15世紀末の新大陸発見以降、ヨーロッパ人はなぜ次々と植民地を獲得できたのか。病気や動植物に着目して帝国主義の謎を解き明かす。（川北稔）

民のモラル　近藤和彦

統治者といえど時代の約束事に従わざるをえなかった18世紀イギリス。新聞記事や裁判記録、ホーガースの風刺画などから騒擾と制裁の歴史をひもとく。

台湾総督府　黄昭堂

清朝中国から台湾を割譲させた日本は、新たな統治機関として台北に台湾総督府を組織した。抵抗と抑圧と建設。植民地統治の実態を追う。（檜山幸夫）

増補 大衆宣伝の神話　佐藤卓己

祝祭、漫画、シンボル、デモなど政治の視覚化は大衆の感情をどのように動員したか。ヒトラーが学んだプロパガンダを読み解く「メディア史」の出発点。

ユダヤ人の起源　シュロモー・サンド　高橋武智監訳　佐々木康之／木村高子訳

〈ユダヤ人〉はいかなる経緯をもって成立したのか。歴史記述の精緻な検証によって実像に迫り、そのアイデンティティを根本から問う画期的試論。

中国史談集　澤田瑞穂

皇帝、彫青、男色、刑罰、宗教結社など中国裏面史を彩った人物や事件を中国文学の碩学が独自の視点で解き明かす。怪力乱「神」をあえて語る！（堀誠）

ヨーロッパとイスラーム世界　R・W・サザン　鈴木利章訳

〈無知〉から〈洞察〉へ。キリスト教文明とイスラーム文明との関係を西洋中世にまで遡って考察し、読者に歴史的見通しを与える名講義。（山本芳久）

図説 探検地図の歴史　R・A・スケルトン　増田義郎／信岡奈生訳

世界はいかに〈発見〉されていったか。人類の知が全地球を覆っていく地理的発見の歴史を、時代ごとの地図に沿って描き出す。貴重図版二〇〇点以上。

同時代史　タキトゥス　國原吉之助訳

古代ローマの暴帝ネロ自殺のあと内乱が勃発。絡みあう人間ドラマ、陰謀、凄まじい政争を、臨場感あふれる鮮やかな描写で展開した大古典。（本村凌二）

明の太祖 朱元璋　檀上寛

貧農から皇帝に上り詰め、巨大な専制国家の樹立に成功した朱元璋。十四世紀の中国の社会状況を読み解きながら、元璋を皇帝に導いたカギを探る。

歴史（上・下）　トゥキュディデス　小西晴雄訳

野望、虚栄、裏切り――古代ギリシアを殺戮の嵐に陥れたペロポネソス戦争とは何だったのか。その全貌を克明に記した、人類最古の本格的「歴史書」。

日本陸軍と中国　戸部良一

中国スペシャリストとして活躍し、日中提携を夢見た男たち。なぜ彼らが、泥沼の戦争へと日本を導くことになったのか。真相を追う。（五百旗頭真）

カニバリズム論　中野美代子

根源的タブーの人肉嗜食や纏足、宦官……。目を背けたくなるものを冷静に論ずることで逆説的に人間の真実に迫る血の滴る異色の人間史。（山田仁史）

帝国の陰謀　蓮實重彦

一組の義兄弟による陰謀から生まれたフランス第二帝政。「私生児」の義弟が遺した二つのテクストを読解し、近代的現象の本質に迫る。（入江哲朗）

交易の世界史（上）　ウィリアム・バーンスタイン　鬼澤忍訳

交易は人類そのものを映し出す鏡である。圧倒的な繁栄をもたらし、同時に数多の軋轢と衝突を引き起こしてきたその歴史を圧巻のスケールで描き出す。

交易の世界史（下）　ウィリアム・バーンスタイン　鬼澤忍訳

絹、スパイス、砂糖……。新奇なもの、希少なものへの欲望が世界を動かし、文明の興亡を左右してきた。数千年にもわたる交易の歴史を一望する試み。

フランス革命の政治文化　リン・ハント　松浦義弘訳

フランス革命固有の成果は、レトリックやシンボルによる政治言語と文化の創造であった。政治文化とそれを生み出した人々の社会的出自を考察する。

戦争の起源　アーサー・フェリル　鈴木主税／石原正毅訳

人類誕生とともに戦争は始まった。先史時代からアレクサンドロス大王までの壮大なるその歴史をダイナミックに描く。地図・図版多数。（森谷公俊）

近代ヨーロッパ史
福井憲彦

ヨーロッパの近代は、その後の世界を決定づけた。現代をさまざまな面で規定しているヨーロッパ近代の歴史と意味を、平明かつ総合的に考える。

イタリア・ルネサンスの文化（上）
ヤーコプ・ブルクハルト
新井靖一訳

中央集権化がすすみ緻密に構成されていく国家あってこそ、イタリア・ルネサンスは可能となった。ブルクハルト若き日の着想に発した畢生の大著。

イタリア・ルネサンスの文化（下）
ヤーコプ・ブルクハルト
新井靖一訳

緊張の続く国家間情勢の下にあって、類稀な文化と個性的な人物達は生みだされた。近代的な社会に向かう時代の、人間の生活文化様式を描ききる。

はじめてわかる ルネサンス
ジェリー・ブロトン
高山芳樹訳

ルネサンスは芸術だけじゃない！ 東洋との出会い、科学と哲学、宗教改革など、さまざまな角度から光をあてて真のルネサンス像に迫る入門書。

増補 普通の人びと
クリストファー・R・ブラウニング
谷喬夫訳

ごく平凡な市民が無抵抗なユダヤ人を並べ立たせ、ひたすら銃殺する――なぜ彼らは八万人もの大虐殺に荷担したのか。その実態と心理に迫る戦慄の書。

叙任権闘争
オーギュスタン・フリシュ
野口洋二訳

十一世紀から十二世紀にかけ、西欧では聖職者の任命をめぐり教俗両権の間に巨大な争いが起きた。この出来事を広い視野から捉えた中世史の基本文献。

20世紀の歴史（上）
エリック・ホブズボーム
大井由紀訳

第一次世界大戦の勃発が20世紀の始まりとなった。この「短い世紀」の諸相を英国を代表する歴史家が渾身の力で描く。全二巻、文庫オリジナル新訳。

20世紀の歴史（下）
エリック・ホブズボーム
大井由紀訳

一九七〇年代を過ぎ、世界に再び危機が訪れる。不確実性がいやますなか、ソ連崩壊が20世紀の終焉を印した。歴史家の考察は我々に何を伝えるのか。

アラブが見た十字軍
アミン・マアルーフ
牟田口義郎／新川雅子訳

十字軍とはアラブにとって何だったのか？ 豊富な史料を渉猟し、激動の12、13世紀をあざやかに、しかも手際よくまとめた反十字軍史。

バクトリア王国の興亡　前田耕作 作

ゾロアスター教が生まれ、のちにヘレニズムが開花したバクトリア。様々な民族・宗教が交わるこの地に栄えた王国の歴史を描く唯一無二の概説書。

ディスコルシ　ニッコロ・マキァヴェッリ　永井三明 訳

ローマ帝国はなぜあれほどまでに繁栄しえたのか。その鍵は〝ヴィルトゥ〟。パワー・ポリティクスの教祖が、したたかに歴史を解読する。

戦争の技術　ニッコロ・マキァヴェッリ　服部文彦 訳

出版されるや否や各国語に翻訳された最強にして安全な軍隊の作り方。この理念により創設された新生フィレンツェ軍は一五〇九年、ピサを奪回する。

マクニール世界史講義　ウィリアム・H・マクニール　北川知子 訳

ベストセラー『世界史』の著者が人類の歴史を読み解くための三つの視点を易しく語る白熱の入門講義。本物の歴史感覚を学べます。文庫オリジナル。

古代ローマ旅行ガイド　フィリップ・マティザック　安原和見 訳

タイムスリップして古代ローマを訪れるなら？　そんな想定で作られた前代未聞のトラベル・ガイド。必見の名所・娯楽ほか情報満載。カラー頁多数。

古代アテネ旅行ガイド　フィリップ・マティザック　安原和見 訳

古代ギリシャに旅行できるなら何を観て何を食べる？　そうだソクラテスにも会ってみよう！　神殿等の名所・娯楽ほか現地情報満載。カラー図版多数。

古代ローマ帝国軍非公式マニュアル　フィリップ・マティザック　安原和見 訳

帝国は諸君を必要としている！　ローマ軍兵士として必要な武器、戦闘訓練、敵の攻略法等々、超実践的な詳細ガイド。血沸き肉躍るカラー図版多数。

オリンピア　村川堅太郎

古代ギリシア世界最大の競技祭とはいかなるものであったのか。遺跡の概要から競技精神の盛衰まで、綿密な考証と卓抜な筆致で迫った名著。（橋場弦）

アレクサンドロスとオリュンピアス　森谷公俊

彼女は怪しい密儀に没頭し、残忍に邪魔者を殺す悪女なのか、息子を陰で支え続けた賢母なのか。大王母の激動の生涯を追う。（澤田典子）

古代地中海世界の歴史　本村凌二／中村るい

メソポタミア、エジプト、ギリシア、ローマ――古代に花開き、密接な交流や抗争をくり広げた文明を一望に見渡し、歴史の躍動を大きくつかむ！

増補　十字軍の思想　山内進

欧米社会にいまなお色濃く影を落とす「十字軍」の思想。人々を聖なる戦争へと駆り立てるものとは？　その歴史を辿り、キリスト教世界の深層に迫る。

子どもたちに語るヨーロッパ史　ジャック・ル・ゴフ　前田耕作監訳　川崎万里訳

歴史学の泰斗が若い人に贈る、とびきりの入門書。地理的要件や歴史、とくに中世史を、たくさんのエピソードとともに語った魅力あふれる一冊。

中東全史　バーナード・ルイス　白須英子訳

キリスト教の勃興から20世紀末まで。中東学の世界的権威が、中東全域における二千年の歴史を一般読者に向けて書いた、イスラーム通史の決定版。

隊商都市　ミカエル・ロストフツェフ　青柳正規訳

通商交易で繁栄した古代オリエント都市のペトラ、パルミュラなどの遺跡に立ち、往時に思いを馳せたロマン溢れる歴史紀行の古典的名著。（前田耕作）

法然の衝撃　阿満利麿

法然こそ日本仏教を代表する巨人であり、ラディカルな革命家だった。鎮魂慰霊を超えて救済の原理を指し示した思想の本質に迫る。

親鸞・普遍への道　阿満利麿

絶対他力の思想はなぜ、どのように誕生したのか。日本の精神風土と切り結びつつ普遍的救済への回路を開いた親鸞の思想の本質に迫る。（西谷修）

歎異抄　阿満利麿訳／注／解説

没後七五〇年を経てなお私たちの心を捉える、親鸞の言葉。わかりやすい注と現代語訳、今どう読んだらよいか道標を示す懇切な解説付きの決定版。

親鸞からの手紙　阿満利麿

現存する親鸞の手紙全42通を年月順に編纂し、現代語訳と解説で構成。これにより、親鸞の人間的苦悩と宗教的深化が、鮮明に現代に立ち現れる。

神社の古代史　岡田精司

古代日本ではどのような神々が祀られていたのか。《祭祀の原像》を求めて、伊勢、宗像、住吉、鹿島など主要な神社の成り立ちや特徴を解説する。

中国禅宗史　小川隆

唐代から宋代において、禅の思想は大きく展開した。各種禅語録を思想史的な文脈に即して読みなおす試み。〈禅の語録〉全二〇巻の「総説」を文庫化。

原典訳　チベットの死者の書　川崎信定訳

死の瞬間から次の生までの間に魂が辿る四十九日の旅——中有（バルドゥ）のありさまを克明に描き、死者に正しい解脱の方向を示す指南の書。

インドの思想　川崎信定

多民族、多言語、多文化。これらを併存させるインドという国を作ってきた考え方とは。ヒンドゥー教や仏教等、主要な思想を案内する恰好の入門書。

旧約聖書の誕生　加藤隆

旧約聖書は多様な見解を持つ文書を寄せ集めて作られた書物である。各文書が成立した歴史的事情から旧約を読み解く。現代日本人のための入門書。

神道　トーマス・カスーリス　衣笠正晃訳　守屋友江監訳

日本人の精神構造に大きな影響を与え、国の運命をも変えてしまった「カミ」の複雑な歴史を、米比較宗教学界の権威が鮮やかに描き出す。

ミトラの密儀　フランツ・キュモン　小川英雄訳

東方からローマ帝国に伝えられ、キリスト教と覇を競った謎の古代密儀宗教。その全貌を初めて明らかにした、第一人者による古典的名著。（前田耕作）

空海コレクション1　空海　宮坂宥勝監修

主著『十住心論』の精髄を略述した『秘蔵宝鑰』、及び顕密を比較対照して密教の特色を明らかにした『弁顕密二教論』の二篇を収録。（立川武蔵）

空海コレクション2　空海　宮坂宥勝監修

真言密教の根本思想『即身成仏義』『声字実相義』『吽字義』及び密教独自の解釈による『般若心経秘鍵』と『請来目録』を収録。（立川武蔵）

ちくま学芸文庫

インド文化入門《ぶんかにゅうもん》

二〇二〇年十二月十日　第一刷発行

著　者　辛島昇（からしま・のぼる）

発行者　喜入冬子

発行所　株式会社　筑摩書房

東京都台東区蔵前二―五―三　〒一一一―八七五五

電話番号　〇三―五六八七―二六〇一（代表）

装幀者　安野光雅

印刷所　明和印刷株式会社

製本所　株式会社積信堂

ISBN978-4-480-51025-9 C0195